eu escolho ser feliz

Susana Naspolini

eu escolho ser feliz

AGIR

Copyright © 2019 by Susana Naspolini

Direitos de edição da obra em língua portuguesa no Brasil adquiridos pela Agir, selo da EDITORA NOVA FRONTEIRA PARTICIPAÇÕES S.A. Todos os direitos reservados. Nenhuma parte desta obra pode ser apropriada e estocada em sistema de banco de dados ou processo similar, em qualquer forma ou meio, seja eletrônico, de fotocópia, gravação etc., sem a permissão do detentor do copirraite.

EDITORA NOVA FRONTEIRA PARTICIPAÇÕES S.A.
Rua Candelária, 60 — 7º andar — Centro — 20091-020
Rio de Janeiro — RJ — Brasil
Tel.: (21) 3882-8200 — Fax: (21) 3882-8212/8313

Imagem da capa: TV Globo/Sergio Zalis
Imagens das páginas 155 a 159: Agência O Globo
Todas as demais imagens pertencem ao acervo pessoal da autora

CIP-BRASIL. CATALOGAÇÃO NA PUBLICAÇÃO
SINDICATO NACIONAL DOS EDITORES DE LIVROS, RJ

N213e

Naspolini, Susana, 1972-
Eu escolho ser feliz / Susana Naspolini. - 1. ed. - Rio de janeiro : Agir, 2019.
160 p. ; 23 cm.

ISBN 978-85-220-0617-5

1. Naspolini, Susana, 1972-. 2. Jornalistas - Brasil - Biografia. 3. Câncer em mulheres. 4. Fé. 5. Felicidade. I. Título.

19-56375   CDD: 920.5
                   CDU: 929:070(81)

Vanessa Mafra Xavier Salgado - Bibliotecária - CRB-7/6644

Sumário

Prefácio 9
Introdução 13
Celular 15
Escolhas 27
Pochete 37
Porto seguro 49
Peninha 63
As coisas são como são 73
Lá vem o raio de novo 85
Que história é essa de sentir culpa? 99
Julia, sinônimo de amor 105
Útimo raio 119
Gratidão 125

Dedico este livro e cada minutinho da minha existência ao meu paizão, minha âncora, o Fulvio; a minha mãezona, Maria, meu eterno anjo da guarda; a minha irmã Samyra e ao meu irmão Samuel, meus parceirões, e ao meu grande amor, minha companheira, minha doce filha Julia. Sem vocês, eu nada seria, e certamente não estaria aqui hoje.

Dedico esta obra principalmente a Deus, razão de tudo e por quem todos os dias levanto da cama e sigo em frente tentando — e muitas vezes não conseguindo — ser uma pessoa melhor.

Prefácio

Não lembro exatamente como a gente se conheceu. Mas cada vez que busco a Susana na memória encontro um sorriso. Um sorrisão daqueles que iluminam o dia. Quem convive com ela ou só a vê pela televisão, mas também sente como se já a conhecesse sabe do que eu estou falando: a Su está sempre sorrindo. Sorrindo por fora e por dentro. Sorrindo pra vida! E fazendo a gente sorrir também. Você chega pra dar um oi e lá vem ela com aquele sorrisão e o sotaque que eu amo: "Ooooi, guria!" Não falha. Ela é assim mesmo. Com todo mundo, sem distinção.

Eu a conheço há muitos anos, mas a gente se vê muito mais na redação do que fora dela. Mesmo assim temos um carinho especial uma pela outra. Talvez por que enfrentamos obstáculos parecidos na vida e também por que somos mulheres de muita fé.

Acompanhei de perto alguns dos momentos mais difíceis da vida da minha amiga. A gente se encontrava na redação e dava um jeito de ir tomar um café, sentar por alguns minutos para bater papo. Eu, cheia de cuidados, perguntava como ela estava, e ela dizia "Pois é, guria, lá vou eu de novo". Sempre confiante, positiva, firme. E sorrindo! Uma leveza que sempre me desconcertou. Me impressionava a capacidade dessa catarinense magrinha, de aparência frágil, longe da família, de enfrentar o diagnóstico de um câncer, com tamanha... simplicidade. A palavra é essa mesmo: simplicidade. Ela nunca aumentou o problema. Nunca se perguntou "Por que eu?". Nunca fez drama. Nunca lidou com a doença como uma tragédia. Nunca demonstrou autopiedade. Era o que a vida apresentava naquele momento. E era o que ela se dispunha a enfrentar. Da melhor maneira possível. Da forma mais honesta e digna. Sem fazer marola. Sem se desestabilizar. Sorrindo. Sempre.

Quem sabe da história da Susana se impressiona com sua força e sua capacidade de superação. Mas o mais bonito é que ela nos faz ver que todos temos as mesmas armas que ela tem! Ela não é diferente de nenhum de nós. O que a faz tão especial, tão forte e tão admirável é uma coisa simples que nos define como seres humanos: o livre-arbítrio. Ela escolheu a felicidade, a gratidão, a fé e a alegria mesmo diante dos momentos mais difíceis. Ela faz essa escolha todos os dias. E se fortalece ao perceber que as armas mais poderosas nessa luta estão dentro dela. No coração dela.

Tenho certeza de que sua atitude já inspirou muita gente. Certamente inspirou a mim. Quando eu tive o diagnóstico de um tumor no pâncreas (que graças a Deus estava encapsulado e não precisei fazer tratamento) e soube que precisava fazer uma cirurgia complexa, a Su foi muito presente, se prontificou a me ajudar em tudo: me deu contatos de médicos, me dava dicas de como uma boa nutricionista poderia me preparar para enfrentar a cirurgia, se empolgava falando dos resultados. Me mandava mensagens todos os dias. Cheia de confiança e solidariedade. Estava disponível para o que eu precisasse. E essa atitude foi um aprendizado para mim. Entendi que não complicar as coisas, ser positiva, e dar conta daquele problema da maneira mais direta possível são escolhas. E escolhas que nos trazem frutos bons: serenidade e autoconfiança.

Desculpem o spoiler, mas tenho que contar como foi quando a Su teve o terceiro diagnóstico de câncer e precisou ir para São Paulo fazer um tratamento com iodo radioativo. Fora todo o desgaste da cirurgia, do recomeço dessa batalha, de dar a notícia pra Julia, filha dela, ainda tinha o fato de o tratamento exigir um isolamento de dias por causa do risco de contaminação. Ela estava angustiada com isso, claro. Tinha que ficar totalmente sozinha no quarto, sem contato com ninguém. Combinamos que eu ligaria todo dia para bater papo. Cada vez que eu ligava ela atendia na maior alegria, me chamando pelo apelido: "Lulinhaaaaaaa!!!" Queria saber todas as novidades da TV. Perguntava por todo mundo. Eu caprichava em contar histórias engraçadas, novidades, fofocas. Tudo pra ela se distrair. Perguntava como estava lá e ela ia contando como eram os dias, a rotina. Mas nunca fez uma queixa sequer. Ela se despedia com a mesma empolgação e sempre dizendo: "Fica com Deeeeeus, amigaaa!" Eu desligava o telefone e ficava quieta pensando nela, impactada com tamanha capacidade de encarar da melhor maneira os piores momentos. A vida dá um limão e a Su faz uma limonada suíça cheia de gelo!

E não podia ser diferente no trabalho. Sempre foi uma repórter dedicada e incansável. Quando eu apresentava o *Bom Dia Rio* e ela fazia reportagens para o jornal, ela se empolgava com as histórias das pessoas. Amava fazer entrevistas. Conseguia sempre declarações sinceras e naturais, coisa difícil quando se liga uma câmera diante de alguém. Ia ficando íntima do entrevistado, entrava pela casa, tomava café na mesa da cozinha, e a pessoa se sentia a vontade para abrir o coração. Sempre sugeria usarmos a entrevista inteira, com poucos cortes, pouco texto para alinhavar a história. Queria dar voz aos entrevistados, ao drama de cada um. Uma vocação dela. Aos poucos, foi descobrindo essa maneira tão particular e bem-humorada de mostrar as mazelas da cidade e cobrar das autoridades o cumprimento de deveres básicos. Levou pras pessoas mais desassistidas esse talento de enfrentar as dificuldades sorrindo. Brinca, sobe em árvore, anda de velocípede, pula muro e com esse jeito irreverente mostra que rir é, sim, o melhor remédio. Não foi à toa que se tornou querida por todo o Rio!

A gente fica querendo descobrir o segredo desse sorriso dela diante da vida. Mas acho que a resposta a gente já sabe. Está no título do livro. A Susana não nega que o caminho pode ser duro e tortuoso. Mas ela escolhe seguir em frente. Sempre. Sorrindo. Olhando a paisagem e não o chão.

Ana Luiza Guimarães

Introdução

"Um raio não cai duas vezes no mesmo lugar!" Quando eu era criança me disseram isso e eu acreditei. Levei a frase comigo por muito tempo até que a vida, do jeito dela, me mostrou que não é bem assim... Hoje aqui estou eu, algumas rajadas de raios depois, com uma certeza que ninguém me tira: não importa se vierem um, dois, três, dez raios na nossa direção (e muitas vezes eles vêm, sim), o que faz a diferença nesta vida é a forma de lidar com eles!

A vida não é intransigente, ela nos oferece situações de todos os tipos, nos permite erros e acertos, e o melhor de tudo é que podemos aprender muito com isso. Vivemos num mundo dinâmico, em movimento permanente, e mudanças acontecem com ou sem a nossa participação. Cabe a nós, só a nós, escolhermos como vamos nos comportar.

Eu escolhi escrever este livro, levando em conta o que aprendi com o exemplo dos meus pais: as nossas experiências sempre devem ser compartilhadas. Não sou escritora, na verdade estou bem longe de ser, então o que vocês vão encontrar nas próximas páginas é simplesmente uma conversa, um bate-papo contigo, leitor.

A ideia do livro surgiu em 2016, quando tive câncer pela quarta vez e muita gente começou a me perguntar como vinha sendo lidar com esses diagnósticos tão assustadores. Penso que o câncer hoje é quase uma epidemia: todo mundo conhece uma pessoa próxima que teve ou esteja enfrentando a doença. Então, quando me dei conta de que poderia ajudar alguém contando a minha história... Ah, isso já foi motivo suficiente para encarar a tela em branco do computador e começar a escrever.

Minha mãe Maria, meu irmão Samuel e minha filha Julia foram meus grandes incentivadores. Minha mãe revisou pacientemente o livro várias vezes, meu irmão ficou me cutucando para eu dar o pontapé inicial e a Julia foi a grande responsável por eu chegar até a última página.

Se vocês vão gostar, eu não tenho como saber (tomara que sim), mas sei que escrevi cada parágrafo com muito amor. Também chorei muito escrevendo, porque parecia um filme passando na minha cabeça. Mas foi bem valioso me lembrar de todos esses momentos e perceber que é possível sorrir mesmo depois das rasteiras da vida. Lendo e relendo os rascunhos, veio à minha memória uma frase que vi num texto uma vez e virou quase um mantra na minha vida:

"A dor é inevitável. O sofrimento é opcional."

Vamos continuar a leitura?

Celular

"Outras vezes ouço passar o vento,
E acho que só para ouvir passar o vento
[vale a pena ter nascido."

Fernando Pessoa,
como Alberto Caeiro

Julia, Julia, Julia, Julia... Só ela vinha à minha cabeça! Julia, Julia, Julia... O que é que eu vou fazer, meu Deus??!!! De novo?? Lá estava eu outra vez diante daquele diagnóstico!!! Como era possível?! Julia, Julia, Julia...

Era uma segunda-feira, dia 25 de abril de 2016. Nunca vou esquecer a cara da minha amiga Flavia Jacomo, que estava ao meu lado no momento em que liguei para a minha médica. Nunca imaginei que os olhos da Flavinha pudessem ficar tão grandes!

Eu tinha passado a manhã toda trabalhando, fazendo uma matéria especial sobre as Olimpíadas. Foi um início de dia delicioso, gravando, entrevistando, conversando com as pessoas, ouvindo histórias, tomando cafezinho, rindo. Em outras palavras, fazendo uma das coisas que me dá mais prazer nesta vida: trabalhar.

Como é bom trabalhar, ainda mais no que se gosta... No meu caso, fazendo o RJ Móvel, um quadro comunitário que vai ao ar diariamente no jornal do meio-dia na Globo aqui do Rio e que percorre bairros e municípios da capital e da região metropolitana para denunciar problemas locais e cobrar soluções das autoridades competentes. Faço esse quadro há mais de cinco anos, junto com uma equipe de que gosto demais: Diógenes Melquíades, repórter cinematográfico, um cara sensacional e sem dúvida um dos meus melhores amigos; Anderson Nunes, operador de unidade portátil (o nosso carro e os equipamentos de luz e áudio), um baita companheiro de trabalho e muito divertido; e Flavio Velhão, o nosso malvado favorito, que se faz de rabugento mas é um amor de pessoa — ele é técnico de sistema (prepara o equipamento pra nos colocar ao vivo no *RJTV*). Não posso me esquecer do Edvaldo Santo, produtor e muito dedicado ao quadro, e também à Thaísa Coelho, editora-chefe do jornal, que embarca nas nossas maluquices na rua; e, claro, ao chefe da editoria Rio, Vinícius Menezes, que deixa eu ser a repórter do RJ Móvel junto com os meus "três mosqueteiros" (como uma pessoa chamou o Diógenes, o Nunes e o Flavio um dia pelas redes sociais, hahahaha). É realmente uma turma que eu adoro e estar com eles todos os dias é um verdadeiro presente. Tenho muito o que agradecer!

Foi uma manhã corrida, com muita coisa pra gravar, mas, como sempre, o clima era de harmonia, de alegria, e tudo fluiu muito bem. Fomos fazer uma matéria numa escola e o carinho que recebi daquelas crianças foi algo inexplicável. Parecia mesmo que o meu espírito estava sendo preparado para aguentar o tranco que viria nas horas seguintes. Creio que já era Deus me mandando um recado: não vai ser fácil, mas tem gente torcendo por ti. Vamos aguentar mais essa. Mas eu só ia entender a mensagem algum tempo depois...

Gravamos e voltamos para a sede da emissora, que fica no Jardim Botânico, bairro da zona sul do Rio. Eram quase quatro da tarde quando fomos almoçar. Para variar, o meu celular estava com pouca bateria, e, como sempre, eu deixava o aparelho carregando na mesa do Luizinho Costa, produtor cultural e um irmão que o Rio de Janeiro me deu, ou na mesa da Flavinha, produtora da TV e também uma amiga/irmã que conheci no trabalho. Naquela segunda-feira, peguei o carregador da Flavinha. Eu fazia rodízio pra não parecer muito mala, já que nunca estou com o meu carregador quando preciso e fico maluca atrás de um emprestado. Ora, naqueles dias eu não queria correr o risco de ficar sem o meu celular. Tinha voltado a olhar para ele com o coração acelerado e feliz; tinha finalmente feito as pazes com aquele pequeno retângulo!

É que nos meses anteriores, mais precisamente nos últimos dois anos, ouvir o toque dele significava ter medo: qual seria o problema agora, qual seria o mais novo abacaxi a descascar, qual seria a notícia ruim do momento? Eu tinha passado por um período muito conturbado — em outro capítulo conto melhor —, e o pobre do celular tinha sido o principal porta-voz desses episódios. Ultimamente, porém, o aparelhinho tinha voltado a me trazer boas notícias e nós dois estávamos convivendo em harmonia. Pois bem, deixei o celular carregando na redação e fui almoçar com um amigo.

Foi um almoço gostoso. No restaurante, encontramos outras pessoas da TV e começamos a conversar. O papo girou em torno do que havia acontecido na noite anterior com uma das nossas colegas: o carro em que estava com outras amigas tinha sido alvo de bandidos que abriram fogo contra elas. Pânico total! Começamos a falar sobre a vulnerabilidade da vida: se um dos tiros a tivesse atingido, ela não estaria ali para contar a história; poderia ter morrido, assim, numa fração de segundo, de uma hora para outra, voltando de uma festa. Enquanto a gente conversava, duas mulheres que estavam em outras mesas se juntaram a nós, também contando situações em que a vida de alguém ficou por um fio. Mais uma vez, o meu espírito estava sendo preparado para o que viria em seguida...

Quando o almoço acabou já eram quase cinco da tarde, e voltei rápido para a emissora. Tinha muita coisa a fazer: precisava entregar ao editor o roteiro da reportagem gravada pela manhã, ir ao mercado e, por fim, pegar a minha filhota na escola, um dos melhores momentos do meu dia!

Cheguei à TV e corri até a mesa da Flavia pra pegar o celular. Será que havia alguma ligação perdida, alguma mensagem me esperando, daquelas que fazem a gente sorrir o dia todo?

Tinha as duas coisas: ligação perdida e mensagem. O que eu não imaginava é que, nas horas seguintes, as duas me fariam chorar, e chorar muito.

Falei para a Flavia: "Ih, tem mensagem da minha médica. E também uma ligação. Deve ter saído o resultado do exame. Vou ligar para ela." Naquela hora o meu coração já estava saindo pela boca e as minhas mãos começaram a tremer.

Parece mesmo que existe um sexto sentido, uma intuição, alguma coisa que, antes de o nosso cérebro saber oficialmente o que está acontecendo, já nos avisa o que vem pela frente.

É que, umas semanas antes, num exame de rotina, tinha aparecido um gânglio inflamado embaixo do meu braço direito. Temos gânglios espalhados pelo corpo inteiro e eles desempenham um papel importante no sistema imunológico. Um gânglio inchado não é boa coisa, é sempre um sinal de alerta. Nesses casos, o protocolo recomenda que seja feita uma punção, ou seja, o médico retira fragmentos do nódulo e os manda para análises de laboratório. Poderia não ser nada sério, como poderia ser um grande problema, e, pelo jeito, o resultado da punção tinha ficado pronto.

Flavinha percebeu a minha perturbação. Fui saindo com o celular nas mãos, já que não queria dar aquele telefonema bem ali, no meio da redação. Era o tal do sexto sentido que já estava me avisando: não vem notícia boa por aí! Ela, amiga de verdade, sem que eu pedisse, saiu comigo e fomos para uma escada que fica num dos corredores da emissora. Um cantinho escondido de onde eu poderia ligar à vontade. O curioso nesses momentos é que ficamos entre dois sentimentos ambíguos, controversos. Por um lado, existe a vontade de ligar logo; a maior ansiedade para saber o que a médica tem a dizer e acabar de vez com a agonia. Por outro lado, há o medo de ouvir o que não se quer; alguma coisa que, numa fração de segundo, poderia virar a minha vida de cabeça para baixo.

Liguei.

Ela atendeu rápido. Péssimo sinal. A Nise Yamaguchi é uma oncologista muito, muito especial! Uma japonesa baixinha, pequena na altura e enorme em competência. Uma criatura humana e sábia como poucos seres nesta terra. Anda sempre muito ocupada, não só atendendo pacientes no consultório e nos hospitais, como também participando de seminários pelo mundo inteiro, e, por isso, geralmente quem atende são as enfermeiras, as secretárias. Mas dessa vez o "alô" foi dela! Ai, ai, ai, está confirmado, não vem coisa boa pela frente. E não veio.

Traduzindo mais ou menos, o que ela disse foi o seguinte: "Susana, o exame ficou pronto e confirmou que as células do câncer de mama apareceram neste gânglio, é preciso tirar."

"Hummmmmmm? O quê? Espera, me explica! Estás me dizendo que eu estou com câncer de novo? Estás me dizendo que o câncer de mama voltou?" Fiquei pedindo explicação: "Me diz, que preciso ouvir com todas as letras!" E a Dra. Nise, clara e objetiva como sempre, com uma voz mansa e calma que só ela consegue ter na hora de lidar com assuntos tão hostis como esse, disse: "Isso, querida, voltou!"

Ou seja, com o câncer de volta, eu teria que fazer uma cirurgia para extrair os gânglios. A partir dessa cirurgia, a gente definiria o tratamento. Pensa, Susana, pensa, Susana... Era preciso então operar o quanto antes; eu deveria viajar logo para São Paulo já que a médica é de lá. E atenção: isso é pra ontem, o cronômetro tinha sido acionado. Lá estava eu de novo participando de uma corrida contra o tempo. Haja fôlego! Será que eu teria força para mais essa? Ok! Registrei a mensagem, fiz um "checklist", uma lista rápida na minha cabeça do que seria preciso e despenquei.

Olhei para a Flavia, que estava com os olhos arregalados pregados em mim, e disse: "O câncer de mama voltou; estou com câncer de novo!!!" Joguei o celular no chão. Maldito telefone! A culpa era toda dele... Puxa vida, você devia me trazer coisas boas, uma ligação apaixonada, uma mensagem de carinho, ou o chefe dizendo que recebi aumento, uma novidade boa e não uma notícia dessas.

Continuei chorando, chorando, chorando muito, desesperadamente, copiosamente. As lágrimas saltavam dos meus olhos, incontroláveis, literalmente saltavam... Parecia que o organismo estava tentando jogar água no meu rosto e me acordar daquele pesadelo. Como assim? Não é possível, a vida só pode estar de brincadeira comigo, deve ser uma pegadinha. Tudo bem, já caí na pegadinha... Cadê aquela pessoa que entra de repente para dizer que tudo não passou de zoação? Ande, entre, já levei um susto grande, pode acabar com a farsa.

"Puxa, Flavia, para de me olhar com essa cara, diz alguma coisa!" Ela disse, tentou me acalmar. Ainda bem que ela estava ali comigo, ainda bem que ela veio atrás de mim, ainda bem que tenho essa amiga maravilhosa! Mas nada adiantava, a preocupação estampada no roto dela só confirmava que tudo era bem real e eu teria que agir o mais depressa possível.

Tenho que operar, preciso tirar esse câncer de dentro de mim, tenho que fazer essa cirurgia logo. Meu Deus, vou morrer! Será que chegou a minha hora? Deus, Deus, Deus, não posso morrer. Tenho a Julinha, Senhor, não posso morrer. Era só isso que eu dizia. Alternava as duas falas: vou morrer e não posso morrer. Julia, Julia, Julia, Julia. Era só nela que eu pensava. No rosto dela, no sorriso dela, no abraço dela. A minha filha precisa de mim. Tenho que operar, tenho que me tratar, tenho que correr. Mas, espere um pouco, justo agora? Justo agora que a minha vida está entrando nos trilhos? Justo agora que estou tão feliz no trabalho, justo agora que comecei a me apaixonar de novo, justo agora que tudo parecia ir tão bem...

Hahahahahahahahahahahahahaha!!!!!! Só rindo mesmo. Acorde, Susana, quem disse que a vida é justa? Quem disse que a vida é fácil? De novo o câncer iria me arrancar abruptamente da minha realidade, do meu dia a dia que tanto gosto e pelo qual batalho tanto. De novo o Sr. Câncer, este senhor malvado e indesejável, tinha vindo me visitar.

Diante do diagnóstico, adivinhe o que foi que eu fiz além de me desesperar? Lógico, não pensei duas vezes, corri atrás da minha fortaleza, da minha fonte de energia, do meu alicerce, e comecei a ligar freneticamente para a minha família: mãe, pai, irmã e irmão. Parecia uma louca! Tu também és assim? Pra quem ligas primeiro num momento de desespero? Liguei para todos da minha família. Só de ouvir o "alô" de cada um que me atendia, eu desmoronava mais um pouco. É uma relação engraçada essa que temos com as pessoas que mais amamos. Falando com elas, ao mesmo tempo em que mostrava toda a minha fragilidade e o meu pavor diante do que estava acontecendo, também ficava mais forte para encarar o problema.

Não era a primeira vez que o câncer chegava sem pedir licença. Depois eu conto melhor, vamos chegar lá. Mas uma coisa já posso adiantar: não foi a primeira, mas com certeza foi a última! Se Deus quiser, eu estou curada, rezem por mim, pessoal! Sou cara de pau e peço mesmo, por favor, rezem por mim!

Voltando à minha família, foram vários telefonemas, afinal, cada um mora num canto. Os meus pais, Fulvio e Maria, em Criciúma, Santa Catarina; o meu irmão, em Florianópolis, também Santa Catarina; e a minha irmã, em São Paulo, na capital. Liguei para todos. Precisava ouvir a voz de cada um deles; precisava saber que entrariam nessa briga comigo. E, como sempre, ouvi deles a frase mágica, a frase que, nessas horas, vale mais do que ouro em pó: "Estamos juntos."

Que poder têm essas duas palavrinhas! Saber que não estamos sozinhos num momento desses e que o problema não é só nosso, mas que pode ser compartilhado, dá uma força tremenda, uma força que nem Freud explica. Aliás, isso foi uma das coisas que aprendi e te dou essa dica: nunca use essa pequena frase de forma leviana; nunca diga uma coisa dessas se de fato não for abraçar o problema com a outra pessoa. Ao mesmo tempo que nos dá coragem, ela também pode nos derrubar se for um discurso vazio, de palavras soltas no ar. Quando alguém nos diz isso, a gente acredita, a gente precisa acreditar, então, se não for de verdade, é melhor ficar quieto, obrigada!

Pois bem, muitas lágrimas e muitos soluços depois, mãos à obra. Eu pensava: não posso ficar aqui sentada chorando, pois enquanto eu me descabelo o maldito tá aqui crescendo dentro de mim. Se chorar o dia inteiro adiantasse alguma coisa, caramba, eu não economizaria lágrimas, mas infelizmente não é isso que resolve. Tenho que lutar, fui chamada novamente pra briga, então tratei de encarar. Tentei focar neste pensamento e ali mesmo da emissora, com a ajuda da Flavia, marquei a consulta com o médico que iria me operar pra tirar os gânglios.

Tive que sair do cantinho onde estava escondida e ir até a redação pra usar o computador e comprar a passagem pra São Paulo; no caminho encontrei com o repórter Eduardo Tchao no corredor. Engraçado, ele não deve nem se lembrar disso, mas ter me deparado com ele naquele momento, mesmo que de passagem, me deu um pouco de calma. O Tchao foi aquele amigão que surgiu no meio de um período muito triste das nossas vidas (quando o Maurício, meu marido, morreu) e que, sem pedir nada em troca, nos estendeu a mão, assim de graça, e nos ajudou muito. Por isso encontrar com ele, receber o abraço dele, me fez pensar que, por pior que parecesse o problema, iria passar.

Bom, quando eu ainda estava lá no cantinho, sentada na escada chorando desesperada, a Flavia tinha chamado o Juarez Passos, chefe de produção e outro amigo que ganhei nesses anos de Rio. Ele veio falar comigo e disse uma coisa que jamais vou esquecer. Diante da minha indignação, com as mãos na cabeça, os olhos vermelhos, a cara inchada, Juarez simplesmente afirmou o seguinte: "Susana, essa história é sua e você vai ter que vivê-la. Ninguém mais pode fazer isso por você. É a sua história!" Por alguns segundos fiquei pensando naquilo. O que ele queria dizer? Confesso que senti até um pouco de raiva. Será que ele está dizendo "Dane-se! O problema é seu?" De certa forma, sim, mas não desse jeito. O que ele quis dizer, e que quando entendi me ajudou muito, foi: estamos todos torcendo por você, pode contar com a gente, mas não podemos viver isso no seu lugar, essa é a sua história. Cada um de nós tem a própria e temos que passar por ela da melhor forma possível.

Grande verdade. Cada um de nós tem uma história de vida que é única e que vai sendo escrita com momentos bons, outros nem tanto, outros maravilhosos, alguns muito tristes, e assim a vida vai seguindo o seu curso. O câncer faz parte da minha história, mas ela também é repleta de episódios de muita felicidade, como, por exemplo: ter uma família unida pra quem telefonar, ter essa rede de amigos que estava ali me dando força e principalmente ser mãe da menina mais linda do mundo, da pessoa mais incrível, doce e companheira que Deus poderia ter colocado na minha vida, a minha Julia que estava então com 10 anos.

E por falar nela, o relógio avisava que era hora de ir buscá-la na escola, era hora de encarar a Julinha. O que dizer a ela? Conto ou não conto? Como explicar uma viagem para São Paulo no dia seguinte em pleno período de aulas (claro que ela iria comigo)? E, ainda pior, como explicar uma cirurgia assim, do dia para a noite? Afinal, estava tudo tão bem, estávamos tão felizes ultimamente... Tínhamos voltado de férias, passado dias maravilhosos no Sul, e imagine só: lembro como se fosse hoje, na volta para o Rio, entre uma conversa e outra, a gente tinha comentado justamente sobre como a vida é boa, como tudo se ajeita, como Deus está sempre presente. Sério, pode acreditar, essa conversa tinha mesmo acontecido entre mim e a Julia no avião que nos trazia de volta para casa.

E, agora, lá vinha essa notícia.

"Meu Senhor, me ajude, essa menina não pode sofrer mais, me ajude... Eu aguento, pode mandar que eu aguento, mas a Julinha não, ela não merece mais esse soco no estômago. Socorro! Me ajude!!!!"

Escolhas

"Desejo que você tenha a quem amar
e quando estiver bem cansado
que ainda exista amor pra recomeçar..."
Frejat

Dois anos antes, a Julinha e eu tínhamos sofrido um golpe pesado da vida.

Estávamos no primeiro semestre de 2014, quando o Maurício, meu marido e pai da Julia, nos deixou, se despediu da gente para uma viagem sem volta.

Era uma quinta-feira, dia 1º de maio, e ele estava indo para São Paulo trabalhar. O Maurício trabalhou por dez anos na TV Globo, como apresentador do bloco de esporte do *Bom Dia Brasil* e como narrador esportivo. Nesse ano, porém, estava trabalhando na Record onde apresentava o programa *Esporte Fantástico*, que ia ao ar nos sábados de manhã, e sempre viajava para São Paulo dois dias antes. Pois bem, quando ele chegou ao aeroporto na capital paulista, aquela seria mais uma quinta como todas as outras. Só que, naquele dia, assim que o avião pousou, Maurício começou a passar mal: teve uma taquicardia, o coração disparou, perdeu o ritmo, ultrapassou os duzentos batimentos por minuto. Chamaram uma ambulância, ele foi levado ao hospital, ficou internado e não saiu mais de lá com vida. Passou exatamente um mês inteiro internado e morreu no dia 31 de maio.

Foi embora muito, muito cedo, ao 43 anos...

Não quero ficar aqui falando da morte dele, dos problemas de saúde que ele mesmo preferia guardar sem muito alarde. A morte do nosso Má é um fato contra o qual não podemos fazer nada e que já nos trouxe muito sofrimento. O que quero fazer neste capítulo é falar do Maurício presente nas nossas vidas. O Maurício marido, carinhoso, gentil (nunca conheci um homem tão cavalheiro como ele), companheiro, pai babão, apaixonado, completamente jogado aos pés da Jujuba, como ele chamava a nossa pequena. Foi o Maurício que, em todos os momentos, segurou a minha mão e disse com aquela voz grave que ele tinha: "Tudo vai dar certo, vamos dar um jeito!"

E ele sempre tinha dado um jeito...

Nós nos conhecemos em outubro de 2001. Eu trabalhava na RBS em Joinville, cidade do norte de Santa Catarina. Era apresentadora dos telejornais e editora-chefe da emissora local. Minha vida se resumia a trabalhar e chorar de saudades da minha família, que morava no sul do estado. Exatamente, pessoal: com 25 anos de idade eu chorava quase todos os dias. Os meus vizinhos deviam me "adorar", pois, quando eu chegava de noite, depois do trabalho, me trancava no apartamento e, sempre que a saudade apertava pra valer (ou seja, todos os dias), eu colocava bem, bem alto o Roberto Carlos cantando a música "Nossa Senhora". Ao ritmo da música eu chorava baldes de lágrimas. Uma vez, um vizinho bateu na minha porta, provavelmente para reclamar; só que, quando eu abri e ele viu a minha cara, toda inchada, vermelha, e eu enxugando os olhos e fungando, ficou sem saber o que dizer. Depois de um instante de silêncio, acabou dizendo: "Tu gostas de Roberto Carlos, né?! Estás precisando de alguma coisa?" Eu abracei o homem e caí no choro de novo. Que vergooooonha! Assim era o meu dia a dia: trabalhar e chorar. Foram meses nessa rotina esquisita até que... o Maurício apareceu e deu um jeito nisso.

Era um sábado. Saí contra minha vontade, confesso! Acontece que tinha uma turma do esporte da Globo Rio que estava na cidade para cobrir um campeonato de futsal e me senti na obrigação de levar o pessoal para jantar. Um dos integrantes da equipe era o Maurício, que iria narrar o jogo. Resultado: nos conhecemos e nos apaixonamos! Um ano depois ficamos noivos; mais um ano se passou e estávamos dizendo sim, casados. A gente queria era ficar junto, só que, comigo morando em Santa Catarina e ele no Rio, a saudade era demais. Além disso, esse namoro estava ficando muito caro; gastávamos um absurdo com passagens RJ-SC e vice-versa. Aí um dia ele disse: vamos nos casar! Foi uma festa linda num clube em Criciúma, minha cidade natal. Ficamos dançando até as cinco da manhã e o Má, como sempre chamei ele, pegou o microfone no meio da festa e cantou "Como é grande o meu amor por você", do Roberto Carlos. Foi um momento lindo e que vai ficar guardadinho no meu coração pra sempre.

Assim, vim morar no Rio de Janeiro. Estávamos começando uma nova fase, uma caminhada a dois que, cinco anos mais tarde, se transformaria numa caminhada a três. Em 2006, Deus nos deu a Julia. E que paizão o Maurício se revelou. O amor que tinha pela Julinha transbordava; os olhos dele brilhavam só de olhar para ela, só de falar o seu nome, e, quando ele ouvia a vozinha dela chamando "papai", o sorriso se abria de ponta a ponta no rosto dele. Fazia tudo que a deixasse feliz. Inclusive, certo dia, dei um flagrante na dupla. Descobri por que ela sempre preferia a mamadeira que o papai preparava. Enquanto eu seguia religiosamente as medidas certas do leite em pó, adivinhe... o Maurício colocava o dobro de leite e, claro, aquela mistura ficava de se beber rezando. De madrugada, ele fazia questão de levantar para preparar o leite da Julinha. Era uma parceria bonita de se ver! Digo com todas as letras e para quem quiser ouvir: "Filha, este homem te amou e te ama demais. Eu não tenho qualquer dúvida de que ele cuida de ti, te protege e te abraça em cada segundo da tua vida, de onde quer que ele esteja. E sabemos onde ele está. Com certeza, vamos todos nos encontrar um dia..."

Vivemos juntos casados por 13 anos, até que, de repente, lá estávamos nós, frente a frente com a morte. Aos 8 anos, a Julinha teve que dar adeus ao papai, teve que lidar com o vazio cruel imposto pela morte, e teve que entender muito cedo o significado da expressão nunca mais. "Mãe, quer dizer que nunca mais vou receber um abraço do papai? Quer dizer que nunca mais ele vai me levar pra escola? Quer dizer que nunca mais vou ver ele sentado no sofá? Quer dizer que nunca mais vou passar um Natal com ele?" "É, minha filha, nunca mais..."

Acho que, agora, dá para entender o meu pânico naquele 25 de abril de 2016, não é? Como dizer a essa menina que a mãe dela teria que se tratar de um câncer? Não, seria demais para ela. A mãe diante de uma doença que mata. Gente, a minha filha estava só com 10 anos de idade! Uma criança, uma simples criança. Eu tinha que encontrar um jeito de dizer sem dizer, de contar sem contar. "Deus, me ajuda aí! Deus, do Senhor vem a minha força, vamos lá, por favor, cadê o Senhor? Estou indo para a escola buscar a Julia; em minutos vou encontrar a pessoa que mais amo neste mundo, a pessoa que mais quero proteger neste mundo, por favor, me ajuda... Estou tão desesperada... Como vou conseguir transmitir tranquilidade para a minha filhotinha? Deus, Deus, Deus, vem comigo, preciso de colo, muito colo, cadê o Senhor?"

E aí, no caminho para a escola, enquanto dirigia o meu carro com aquela sensação de que só o corpo estava ali, porque todo o resto — a alma, o espírito, o pensamento — estava longe, se debatendo entre o medo, a insegurança, a dúvida e a tristeza; naquele momento veio à minha cabeça uma frase que eu já conhecia, mas que, pela primeira vez, fez sentido para mim.

Enquanto o medo e o desespero deixavam tudo sem saída, me lembrei dela como se fosse um puxão de orelha, sabe? Respirei fundo, espiei no retrovisor e disse a frase para mim mesma: *POR QUE NÃO EU?*

Você já parou para pensar nisso? É uma pergunta difícil de fazer, porque geralmente não gostamos da resposta. É muito comum nos perguntarmos "por que isso tem que acontecer comigo?", "por que fiquei doente?", "por que fui demitido?", "por que meu namorado terminou comigo?", "por que não encontro alguém bacana?", "por que sofri esse acidente?". Enfim, quando coisas ruins nos acontecem, logo nos perguntamos: "Puxa vida, por que eu, por que comigo?"

No entanto, quando ganhamos um aumento, uma promoção, um prêmio, um presente, um elogio, uma vaga no estacionamento, uma declaração de amor, quando nossos exames estão ótimos... Enfim, quando nos acontecem coisas boas, nunca nos questionamos. As coisas boas são sempre bem-vindas, não é verdade?

Aceitamos, felizes da vida, aquilo que nos favorece ou nos agrada. Ou vai me dizer que tu já ouviste coisas do tipo "por que eu tinha que ser promovido?", "por que o meu chefe me deu esse aumento?", "por que justo eu fui ganhar na loteria?", "que droga, por que o resultado do meu checkup está ótimo?".

Quando coisas bacanas acontecem com a gente não estranhamos, não reclamamos; é como se não pudesse ser de outra forma. Agimos com naturalidade diante das boas notícias, afinal sentimos que merecemos. Ninguém perde o sono ou se consome de angústia quando é presenteado com alguma bela surpresa da vida.

Porém, quando ela nos apresenta um problema, quando nos coloca diante de situações difíceis, algumas vezes dolorosas, aí, sim, a pergunta grita dentro de nós, berramos para quem quiser ouvir: "POR QUE EU? Por que tinha que acontecer uma coisa dessas logo comigo? Por quê, por quê, por quê?"

E, normalmente, o resultado é um só: lá vamos nós para a posição de vítima, de coitadinhos.

Ninguém se acha merecedor de acidentes, doenças, frustrações, traições, e assim por diante. Ficamos indignados, revoltados! Esquecemos que o mundo está longe de ser cor-de-rosa; esquecemos que contos de fadas só existem mesmo nos livros infantis e de que até mesmo neles sempre tem a bruxa malvada.

Quando algo ruim acontece com o vizinho, com o colega de trabalho, com o motorista do carro da frente, com o filho do outro, lamentamos, ficamos tristes, chateados, mas aceitamos. Aceitamos bem mais fácil quando não é com a gente.

Mas quando é à nossa porta que algum problema bate, principalmente quando é dos sérios, enlouquecemos procurando explicações para o inexplicável.

Estou aqui sendo meio repetitiva porque já fiz muito isso na vida; tantas vezes já tentei encontrar respostas que não existiam; já perdi muitas noites de sono tentando dar sentido ao que simplesmente não tinha qualquer lógica. Gente, é um gasto de energia absolutamente em vão. O certo é que tudo pode acontecer para todo mundo, para qualquer pessoa. Sinto dizer, mas nem tu e nem ninguém estão imunes às rasteiras da vida! A indignação que sentimos quando algo contraria os nossos planos, na verdade, reflete um tantão de orgulho da nossa parte, afinal, pensa comigo, o que temos de tão especial que justifique o fato de não podermos sofrer com nada?

Não tem a ver com ser merecedor ou não; tem a ver com estar vivo. Estamos vivos e sujeitos ao que der e vier. A única forma de não tropeçarmos é não vivermos, mas alguém aí quer morrer? A boa notícia é que, apesar de todos os tombos, podemos deixar a vida mais leve. Podemos mudar o nosso comportamento, podemos mudar as nossas escolhas, podemos mudar as nossas ideias. Sabe aquela frase que diz: só não muda de ideia quem não as têm? É exatamente isso: depende só de nós a forma como vamos encarar os problemas. Não há dúvida de que eles virão, e também não há dúvida de que cada um de nós vai escolher como lidar com eles. Acredito nisso como dois mais dois são quatro. Podes estar dizendo: até parece que é simples assim!!! Claro que não, é difícil pra caramba, mas nem sempre o certo é o mais fácil. É um desafio diário. Afinal, tem dias mais pesados, mais sofridos mesmo, mas pelo menos que eles nos sirvam pra escolhermos acordar no dia seguinte com um sorriso no rosto, nem que seja meio forçadinho; garanto que depois de uns minutos ele vira de verdade e as horas seguintes ficam mais leves. É tão melhor sorrir do que chorar! Experimenta e depois me conta.

Compartihar isso com vocês é uma das razões deste livro: podemos sempre nos ajudar. Tenho aprendido com a vida, principalmente com as cabeçadas e com o sofrimento que tantas vezes quis me jogar e me deixar no fundo do poço. Mas eu não quero ficar lá, me recuso, escolho subir novamente. Ouvi isso outro dia e guardei pra mim: no fundo de qualquer poço sempre tem umas molinhas, qualquer um pode sair dele, basta realmente escolher. Por isso, hoje em dia, diante de qualquer dificuldade, me faço baixinho essa pergunta: como vou lidar com isso? E aí tento sempre acreditar que tudo vai dar certo; que, na hora certa, tudo vai acabar bem. Se vai mesmo, só Ele lá em cima sabe, mas o simples fato de acreditar nisso já torna a caminhada bem menos assustadora.

Pochete

"Foi o tempo que perdeste
com tua rosa que a fez
tão importante."
Antoine de Saint-Exupéry

Em princípios de 1991, eu, com 18 anos, havia terminado o primeiro ano da faculdade de jornalismo na Universidade Federal de Santa Catarina. Estava feliz da vida; sempre sonhei em ser jornalista. Lembro de mim com 10 anos, segurando uma escova de cabelo como se fosse o microfone e andando pela casa fazendo uma entrada ao vivo num jornal que só existia na minha imaginação. E podem acreditar, eram sempre matérias comunitárias; buraco de rua era o problema que mais aparecia na minha reportagem fictícia transmitida pela minha escova de cabelo. Pois bem, o tempo passou e finalmente entrei na faculdade tão sonhada. Morava em Florianópolis com a minha irmã Samyra, três anos mais velha que eu. Os meus pais e o meu irmão caçula, o Samuel, moravam em Criciúma, nossa cidade. Naquele ano em especial, eu estava ainda mais feliz por ter conseguido uma vaga no Tablado, a concorrida escola de teatro no Rio de Janeiro.

Depois de muita conversa com o pai e a mãe, consegui permissão para trancar a faculdade e ir fazer teatro no Rio. Seria apenas um ano de curso no Tablado, e depois eu retornaria a Santa Catarina para terminar a faculdade de jornalismo. Esse havia sido o trato: em hipótese alguma eu poderia largar a faculdade. Pai e mãe sabem de tudo mesmo!

Aceitei a exigência; afinal, nem passava pela minha cabeça abandonar o curso de jornalismo, mas, por outro lado, também precisava experimentar o teatro, outra grande paixão na minha vida. Sempre tive, também, vontade de ser atriz. Queria ser jornalista de dia e gravar as cenas de uma novela de noite! Adorava assistir a todas as da Globo, deixava gravando no videocassete quando não estava em casa. O importante era não perder nenhum capítulo. Ficava me imaginando nesse ou naquele papel, como eu diria determinada fala, como seria minha expressão naquela cena. E se tivesse beijo romântico, será que eu ficaria com vergonha? Tudo isso passava pela minha cabeça. Eu viajava tanto nas histórias que muitas vezes me trancava no quarto e ficava interpretando sozinha, ou seja, fazendo todos os papéis ao mesmo tempo. Os sonhos eram muitos, e como tinha só 18 anos decidi arriscar. Então, lá fui eu para a Cidade Maravilhosa.

Aluguei um quarto no apartamento de uma senhora no Leme (fazia parte do trato, eu não poderia morar sozinha), me matriculei em aulas de canto, expressão corporal e, claro, no Tablado. O meu pai veio me trazer ao Rio, me deixou instalada e no dia seguinte teve que voltar para Santa Catarina. Na hora da despedida, foi a maior choradeira: eu chorava de um lado e ele de outro, só que, é claro, ele tentava disfarçar. Esse meu paizão sempre foi o máximo. Quieto, homem de poucas palavras, mas certeiras, e de um coração tão grande e bondoso que não tenho como descrever. Que exemplo raro de ser humano é esse tal de seu Fulvio Naspolini. Mais tarde vou falar melhor dele, vale a pena.

Pois bem, nos despedimos, ele voltou para o Sul e eu fiquei na terra do samba. As aulas começaram e lá estava eu, sozinha no Rio, pra cima e pra baixo às voltas com os cursos, coração apertado de tanta saudade da minha família, mas por outro lado me mantendo firme e forte por saber que eu estava perseguindo um objetivo e, com isso, fazendo o que os meus pais sempre me ensinaram. Durante a minha vida toda, até hoje, faço as coisas e tomo decisões pensando nos meus pais. Engraçado isso, né? Já fiz e deixei de fazer muitas coisas por causa disso e não me arrependo. Até hoje, adulta, dona do meu nariz, funciono desse jeito. Bom, uma noite estava lendo no quarto alugado quando um simples telefonema mudou os meus planos. Era a primeira vez que o telefone serviria como portador de notícia ruim. A diferença é que, naquele distante 1991, ela veio não pelo celular e sim por um telefone fixo da Telerj e, num primeiro momento, camuflada de notícia boa.

Era minha mãe. Ela disse que no dia seguinte iria para São Paulo acompanhar o meu pai numa viagem de trabalho e perguntou se eu não gostaria de ir do Rio para a capital paulista a fim de encontrá-los e, assim, matarmos as saudades. Achei estranho: matar essa saudade ficaria caro, com passagem de avião e tudo mais, mas, já que ela estava oferecendo, não pensei duas vezes. Achei a ideia ótima e no dia seguinte embarquei para a Terra da Garoa. O melhor de tudo era que, como ficaria só um dia, nem precisava de mala, fui com a roupa do corpo e uma bolsinha com dinheiro e documentos. Meu plano era estar de volta ao Rio no mesmo dia, afinal na tarde seguinte eu teria aula de teatro.

Só um parêntese para falar melhor dessa bolsinha, que na verdade era uma pochete. Sempre que me lembro desse ano de 1991, me lembro dessa pochete feia e de couro. Era moda na época e todo mundo no Rio usava. Eu havia comprado a minha num camelô em Copacabana e estava me achando "A" carioca. Fui com ela para São Paulo sem saber que ela me acompanharia nas horas mais difíceis que eu teria que enfrentar.

Faço questão de te apresentar à minha pochete! Tem uma foto dela no final do livro. Viu que coisa mais feiosa? hahahahaha. Na verdade, essa aí não é a original, que eu usava nos anos 1990, mas eu a trato como uma réplica valiosa, como se fosse uma obra de arte.

Um dia desses, estava fazendo uma reportagem no Largo da Carioca, no centro do Rio, e de repente, não mais que de repente, deparei com essa pochete pendurada na barraquinha de um vendedor ambulante. Paralisei! Fiquei olhando para ela e ela, para mim; estávamos nos reconhecendo.

Foram alguns segundos de imobilidade total até que o Diógenes Melquíades, o repórter cinematográfico que trabalha sempre comigo, logo disparou: "O que tá acontecendo, Susana? Vamos lá! Temos que gravar!" É claro que ele achou estranhíssimo me ver ali, daquele jeito, grudada na tal barraquinha quando tínhamos tanta coisa para fazer. Então, eu lhe mostrei a pochete, contei em que circunstâncias tinha usado um modelo igualzinho àquele e lhe disse como era apegada à minha bolsinha. Com aquela sutileza que lhe é tão peculiar, ele exclamou: "Nossa, que coisa feia! Imagino você andando por aí com essa pochete na cintura... Cruz credo!" Hahahahaha! Esse é o Diógenes que eu gosto tanto.

Bom, mas como estávamos com pressa tive que me mexer e continuar o trabalho. Só que o meu pensamento ficou grudado naquela barraquinha, como se a tal pochete carregasse uma parte da minha história. Resultado: claro que acabei voltando lá outro dia e comprei a minha pochete, ou melhor, a réplica dela que guardo com o maior carinho, já que a minha mesmo sumiu numa dessas mudanças que eu fiz de um estado pra outro. Com a réplica nas mãos (não tive coragem de usar na cintura), pude apresentá-la ao vivo à minha filhota que já conhecia a fama da célebre bolsinha preta de couro. Nem preciso dizer que a Julia também achou a tal pochete horrorosa. "Era essa que você usava?", perguntou e, pela sua cara de decepção, deu para perceber que achou ridícula a imagem da própria mãe circulando pelas ruas com a pochete pendurada. Ok, admito: ela é bem feinha, mas foi muito importante pra mim, e vocês já vão entender o motivo...

***

Ah, esqueci de contar que tinha ainda outra condição que fazia parte do trato com os meus pais para eu vir morar no Rio aos 18 anos. Além de não abandonar a faculdade, eu teria que ir a uma consulta médica em Santa Catarina antes da mudança. É que tinha aparecido um carocinho embaixo do meu braço direito e a minha mãe — aliás, sempre ela, um anjo em forma de mulher que Deus me deu a bênção de chamar de mãe — foi taxativa: "Deixamos tu ires para o Rio, mas antes tens que mostrar esse carocinho para um médico aqui em Santa Catarina." Topei na hora e fui à consulta. Só que o médico não poderia dar qualquer diagnóstico sem antes analisar o material. Fiz uma pequena cirurgia, o carocinho foi retirado e mandado para biópsia. Num laboratório, eles iriam examiná-lo minuciosamente para saber do que se tratava. O resultado ficaria pronto em quinze dias. Nesse meio-tempo, arrumei minhas bugigangas e me mudei para o Rio.

Imagine se haveria algum problema mais sério! Devia mesmo ser um nódulo inofensivo. Aliás, naquela época, com aquela idade, eu simplesmente nem cogitava que pudesse ser uma doença grave, muito menos que pudesse ser câncer. A palavra não fazia parte do meu vocabulário e, na verdade, as pessoas em geral não tinham nem coragem de pronunciá-la: era como se bastasse dizer aquele nome para atrair o maldito. Muitas pessoas tinham até vergonha de dizer que estavam doentes. Mal sabia eu que, depois daquele dia, voltaria a me encontrar muitas outras vezes com essa palavrinha medonha.

A tal ida dos meus pais a São Paulo não era uma viagem de trabalho. O resultado da biópsia havia saído: eu estava com um linfoma não Hodgkin, um tipo de câncer nas células do sistema linfático que circula pelo nosso corpo, assim como o sangue circula pelas veias. Um diagnóstico desses, em 1991, foi realmente um soco na boca do estômago. Os primeiros a sentirem o impacto foram os meus pais, e o único motivo daquela ida à São Paulo era me levar ao médico. Quando cheguei ao aeroporto, os dois já estavam me esperando. Primeiro levei um susto! A minha mãe estava com o rosto todo cheio de marquinhas, de feridinhas vermelhas. Pensei: pronto, entendi, me trouxeram pra cá pra contar que a minha mãe está com algum problema de saúde. "O que é isso na tua cara, mãe?" Gente, coitada, ela tinha sido atacada durante a noite por mosquitos, isso mesmo, esse bicho que não respeita ninguém. Parecia até catapora de tantas picadas. Fiquei com muita pena, mas aliviada, afinal não era nada grave e a gente aproveitaria o dia pra passearmos juntos.

Em seguida, foi a vez da minha mãe perguntar: "Cadê a mala?" Eu, espantada, respondi: "Para que mala se volto hoje mesmo para o Rio?" Ela olhou espantada para o meu pai e sugeriu que fôssemos a um shopping para conferir as promoções. Gente, o que estava acontecendo? Eu ia ganhar umas roupinhas assim, sem mais nem menos? Naquele tempo, a gente só comprava roupa nova em datas especiais e não daquele jeito, num dia qualquer de semana. Será que a saudade tinha provocado uma mudança tão drástica no comportamento dos meus pais? Fiquei toda boba e respondi que sim, sem pestanejar; fazer comprinhas é comigo mesma, ainda mais se for em feirinhas. Adoro! Mas não era bem isso que estava acontecendo naquele dia. Eu estava enganada, muito enganada. Eu precisava de mais roupas porque não voltaria tão cedo ao Rio de Janeiro.

Aos 18 anos, pela primeira vez eu teria a sensação de que o chão se abria sob os meus pés! Mais tarde, essa sensação apareceria outras vezes...

Depois das comprinhas fomos direto para o consultório do oncologista que estava à nossa espera. Os meus pais haviam marcado a consulta com antecedência e me levaram para lá. Com o diagnóstico do linfoma nas mãos, a única saída era procurar atendimento na cidade grande, num centro de medicina renomado, afinal éramos de Criciúma, uma cidade que eu amo mas que é um município pequeno e que naquela época devia ter pouco mais de cem mil habitantes. Nunca fomos ricos. Os meus pais gastaram todas as economias para pagar o meu tratamento. No caminho para o médico, a minha mãe me disse que o resultado do exame tinha saído, que tinha dado um "probleminha" (mãe sempre acha uma maneira de amenizar tudo) e que esse médico ia dar uma olhada. Mas oncologista? Que especialidade é essa? Nunca tinha ouvido falar. A consulta levou mais de uma hora e saímos de lá com uma tonelada de requisições de exames e com um prognóstico: o tratamento seria longo. Fiz exames que eu nem sabia que existiam, cada nome mais estranho que o outro: tomografia, linfografia, punção da medula óssea, e, sobre este último, preciso me estender um pouco mais.

Eu estava morrendo de medo de fazer a tal punção na medula, mas se tinha que fazer, tinha que fazer. Entrei tremendo toda na sala da médica que realizaria o exame; não deixaram minha mãe entrar comigo. Enquanto ela arrumava os apetrechos, me perguntou: "Preparada pra perder esse cabelão?" Eu gelei. Do que essa maluca tá falando? Será que entrei na sala errada? A mulher é cabeleireira, meu Deus? O que eu faço? Ela, vendo a minha testa toda franzida com aquela cara de quem não tinha entendido nada, continuou: "Não lhe disseram que o seu cabelo vai cair? Infelizmente ele cai todo, do dia pra noite, mas depois cresce de novo." Pronto, ela estava conseguindo o que parecia impossível: me deixar ainda mais nervosa do que eu já estava. Que médica era essa? Que papo é esse de cabelo cair? Ela não deveria estar me acalmando para o exame? De repente, a mulher levanta uma seringa com uma agulha gigante e manda eu me deitar de costas para que ela começasse o exame, que consistia em enfiar aquele agulhão na minha medula a fim de colher o material a ser analisado.

Tudo aconteceu numa fração de segundo. Abri a porta e saí correndo da sala, com a médica atrás. Passei voando pelos meus pais e anunciei que não faria o exame. Eles também vieram correndo atrás de mim, mas eu não parava, só queria sair daquele lugar. Conseguiram me alcançar já no elevador. Contei o que tinha acontecido e fomos embora. Mas eu teria que fazer a punção, não tinha outro jeito. Aquilo era fundamental para decidir como seria o meu tratamento. Fomos os três, com cara de derrota, os três murchos igual limão velho, para o apartamento em que estávamos hospedados em São Paulo. Primeiro, foi o maior silêncio dentro do carro; depois, os meus pais tentaram me chamar à razão. Eu teria que fazer o exame no dia seguinte. Era a minha saúde, ou melhor, a minha vida que estava em jogo. Naquela noite, dormi agarrada à Bíblia, agarrada mesmo, só pedindo a Deus que me desse coragem e que aquele agulhão nas minhas costas não provocasse a dor que eu estava imaginando que causaria. Li umas duzentas vezes o Salmo 91 (recomendo muito, olha lá) e peguei no sono. Acredite ou não, acordei no dia seguinte totalmente decidida a fazer a punção; o medo da véspera tinha se transformado em certeza de que tudo correria bem, que Deus estaria comigo. Até hoje me arrepio quando me lembro da paz que tomou conta de mim naquele dia. A minha mãe me perguntou se eu estava tranquila e eu disse que sim. Fomos os três de volta ao hospital e tudo correu muito bem: foi uma picadinha de nada, igual a tirar sangue, e, depois, era só esperar e rezar pelo resultado.

Esse monte de exames que eu fiz era para garantir que o câncer ainda estava localizado. Com a graça de Deus, não havia metástase, que é quando a doença se espalha e aparece em outros órgãos do corpo. A partir daquele momento, seria uma corrida contra o tempo. Quanto antes a gente começasse o tratamento, maiores eram as minhas chances de cura. E lá fomos nós! Digo nós porque a minha família me deu as mãos e disse: "Estamos contigo. O tratamento é NOSSO!" E foi dada a largada...

Nesse período, tive a certeza de que, se alguém que a gente ama, seja quem for, parente, amigo, estiver enfrentando qualquer problema, também seja ele qual for, não devemos nunca ter o menor pudor em dizer: "Estou contigo!" Às vezes, a gente fica achando que não deve se meter, para não ser indiscreto, para não invadir a vida do outro; pois eu acredito que, se a gente ama, tem que se intrometer, sim! Ninguém gosta de sofrer sozinho. Saber que não estamos sós, que a nossa briga e a nossa dor são compartilhadas, ajuda a fazer o medo virar força.

Todo o tratamento contra o linfoma foi feito em São Paulo. Ficamos hospedados num apartamento emprestado. Na época, a minha mãe dava aulas na universidade em Criciúma e tirou licença não remunerada do trabalho. Ficou comigo o tempo todo, todos os dias, todas as horas, todos os minutos. Já o meu pai e os meus irmãos ficavam indo e voltando de São Paulo para Santa Catarina.

A minha irmã tinha 21 anos e meu irmão, 12; sou a do meio. Mesmo estudando, sempre que dava os dois apareciam em São Paulo para ficar com a gente, e quando eu sabia que eles iam chegar, sabia também que seriam dias felizes. Brigas de irmãos? Muitas! Mas ninguém ligava, a briga vinha, ia embora e tudo acabava bem! Nos fins de semana que nós cinco nos reuníamos em São Paulo, o otimismo tomava conta de mim. Ver a família toda ali, comigo, realmente alegrava o meu coração. Era a vida me dizendo: tudo vale a pena! Até hoje sinto que devo pedir desculpas a eles por ter ficado com a mãe só para mim naqueles seis meses em São Paulo. O meu irmão era adolescente, tenho certeza de que sentiu muito a ausência dela; mas hoje que também sou mãe entendo que não havia outra saída; eu não teria conseguido suportar o tratamento sem minha mãe ao meu lado. Realmente não teria!

Fico muito feliz em poder te apresentar a minha família, a "família Buscapé", como nós mesmos nos apelidamos!

porto seguro

"O lar é assim a primeira escola de vida cristã e uma escola de enriquecimento humano. É aí que se aprende a resistência à fadiga e a alegria do trabalho, o amor fraterno, o perdão generoso [...]"

Gaudium et Spes, 52

Samyra e Samuel

Ah, simplesmente não consigo me imaginar sem os meus irmãos; sou muito grata por todo o apoio e o carinho que eles sempre me deram. Tens irmãos? Sei que às vezes, ou muitas vezes, eles são uns malas mesmo, usam nossas coisas, disputam a atenção dos nossos pais, sem contar quando a gente se agarra pelos cabelos e rola pelo chão por causa de alguma briga boba. Eu e a minha irmã já fizemos isso! Que coisa feia! Faz muito, muito tempo, éramos adolescentes, tá?! Mas apesar disso, ou melhor, por causa disso tudo (deixa a vida mais animada) é que é tão maravilhoso ter irmãos.

Como é bom ter a Samyra e o Samuel na minha vida... Exatamente: Samyra, Susana e Samuel! Hahahahahahaha! Os três começando com "S"!

Hoje, a minha irmã tem dois filhos, o Felipe, meu afilhado, e a Sofia. Duas figurinhas: ele está com 15 anos e ela, com 12. São despachados, engraçados, carinhosos; gostam de falar alto e são muito amigos da Julinha. Ela os ama profundamente. Diz para todo mundo que os primos não são primos, são irmãos dela, e que ela é como se fosse a filha do meio. Quando os três se juntam a gente já sabe que vão aprontar alguma das boas. É farra na certa! Como é bom ter esses primos por perto! Eles são demais! Aliás, é muito bom ter esse trio por perto.

Desde que aprendi a falar chamo a minha irmã de Mana. Para mim o nome dela é esse e não tem jeito. Ela é formada em direito, fez doutorado e trabalha como professora universitária. A Mana é minha irmã, minha amiga, meu braço esquerdo e meu braço direito. Às vezes passamos uns dias sem nos ligar, já que a correria é grande para as duas, mas, só de saber que ela está lá me dá a garantia de que jamais estarei sozinha. Ela sempre entende o que estou querendo dizer; nem sempre concorda, mas entende. Não tem aquelas situações em que tudo parece confuso? Pois então, a Mana é como se fosse a minha tradutora. Ela me ajuda a desatar os nós que a vida dá. Cada vez que acontece alguma coisa, boa ou ruim, penso logo: *a Mana precisa saber disso* ou *o que a Mana vai achar disso*?

Um dia, em 2018, vou ter que contar, fiz um preenchimento no rosto. Sabe um desses impulsos que a gente tem de vez em quando? Pois é: fui lá e fiz. No dia seguinte o meu rosto estava todo deformado, eu estava toda inchada, a minha boca parecia de uma sapa gigante. Fiquei desesperada, literalmente desesperada! Eu só dizia: vou ser demitida, imagina aparecer na TV assim? Aliás, vou ter que pedir demissão por telefone, não posso nem chegar na redação desse jeito, e, claro, nunca mais vou sair de casa. Sorte que eu estava de férias e, então, teria um tempo para pensar na melhor estratégia de fuga. O que é que eu fui fazer, meu Deus? E o que é que vou fazer agora? Só ficava repetindo isso pra mim mesma... Peguei o telefone e liguei pra Mana. Ela saberia o que fazer ou pelo menos o que dizer. Dito e feito. Acabou me acalmando e, lógico, me aconselhou a ligar para o médico e, lógico, terminamos a conversa dando boas risadas. Resumindo: três dias se passaram e tudo voltou ao normal, ninguém nunca notou que fiz preenchimento. Sou dramática mesmo! Mas é isso, sempre que olho pra trás, lá está a minha irmã junto comigo, em qualquer situação.

Durante o tratamento do câncer, em 1991, lembro como se fosse hoje dela em São Paulo, ao meu lado no consultório, puxando todo tipo de assunto para me distrair enquanto os remédios iam penetrando na minha veia. Eram mais de cinco horas na cadeira. Para estar perto de mim naquela sala, ela às vezes se sentava no chão e ficava lendo em voz alta um livro chinês chamado *I Ching — o livro das mutações*. Doideira lembrar dessas coisas, né? Não lembro se o livro era bom; tudo que eu sei é que me distraía muito durante as longas horas da sessão de quimioterapia; gosto muito de bater papo com a Mana. Lembro dela me levando para passear para que eu me sentisse o mais perto possível da rotina de uma jovem de 18 anos. Isso aliás é uma dica que eu dou. Se você está enfrentando o câncer, ou conhece alguém que esteja, tenta manter a sua rotina o máximo que der. Parece bobagem, mas isso ajuda muito a manter a autoestima, o que acaba ajudando no tratamento. Ah, e como fiquei careca por causa dos remédios (depois conto a história com mais detalhes), tive que usar uma peruca por um bom tempo. Ela sabia que aquilo me incomodava; eu não reclamava, não falava nada, mas ela sabia. Era a Mana que, uma vez a cada quinze dias, acordava supercedo para levar a peruca para lavar numa loja especializada e só voltava para casa quando ela já estava limpinha e escovada. Uma vez o namorado dela foi a São Paulo me visitar e para que eles se encontrassem também. Afinal, a Mana tinha largado ele em Florianópolis pra passar umas semanas comigo e com a mãe. É que a UFSC, Universidade Federal de Santa Catarina, onde ela estudava, fez uma das greves mais longas da história da instituição e ela aproveitou para ficar com a gente. Pois bem, o namorado foi atrás.

Uma noite, quando eles iam sair, minha irmã me pediu a peruca emprestada. Ninguém entendeu nada. Como pode, ela linda e loira, querer sair com aquele cabelo de boneca? Pois com aquele jeitão bem particular, boa praça que só ela, despojada que só ela, a Mana disse que achava a peruca linda e que iria fazer o maior sucesso se a usasse. E assim foi: ela saiu com cabelinho chanel castanho-claro e eu fiquei em casa toda orgulhosa. Coisa que só uma irmã faz pela outra! Nunca lhe disse isso, Mana, mas foi o máximo esse teu gesto: ele me trouxe um imenso alívio, trouxe leveza para aquela peruca que às vezes parecia tão pesada de carregar, não pelo peso, mas pelo que ela representava. Podes ter certeza de que tu me fizeste muito bem naquela noite. Eu emprestei uma coisa que era minha, mas, no fundo, quem saiu ganhando fui eu. Quero te agradecer por isso e por tudo, minha parceirona! Até hoje, quando vou para São Paulo com uma lista interminável de exames que preciso fazer — e isso acontece de três em três meses —, adivinhe quem faz a via crucis comigo; quem fica me esperando o maior tempão do lado de fora das salas dos exames? Sim, é a Mana que me acompanha sempre, desmarca o que for para estar ao meu lado, e isso me traz um conforto que ela nem imagina. Essa é a minha irmã, a pessoa mais generosa, fiel e batalhadora que eu conheço. Como eu admiro essa guria!

Agora vais conhecer o caçulinha. O Samuel é seis anos mais novo que eu, casado com a Paulinha, a cunhada mais divertida que alguém pode ter. Ela entrou na nossa família não faz muito tempo, já que eles se casaram em 2015, mas parece que sempre fez parte dela. A Paulinha é nossa e tá acabado. Ainda mais agora que ela e o Samuka — é assim que o chamo — nos deram a Gabriela, uma princesa que nasceu no dia 19 de dezembro de 2018 e por quem, claro, estamos todos apaixonados lá em casa. Para mim, foi um presente de verdade, porque faço aniversário um dia depois, no dia 20 de dezembro. Quem diria? O caçulinha da família já tem uma filha e está se saindo o maior paizão.

O Samuel é promotor de justiça em Florianópolis, e, por um tempo, andamos distantes um do outro, já que o trabalho nos fez mudar de cidade várias vezes, tornando o contato restrito a festas de família como Natal, Páscoa e aniversários. Foram os meus problemas de saúde, os sustos que levamos e as tristezas que enfrentamos que acabaram nos aproximando novamente. Para você ver como a vida é muito boa mesmo... Conseguimos extrair lições valiosas, coisas maravilhosas dos momentos mais conturbados. Depende de nós enxergar, ou melhor, depende de nós querer enxergar a limonada e não só os limões azedos.

Numa das visitas dele a São Paulo, durante o meu tratamento contra o linfoma, aconteceu uma história que nunca esquecemos. Ele (com 12 anos na época) foi comer pizza no sofá. Tinha acabado de tomar banho e estava só de toalha. De repente, cheguei por trás dele e dei um grito, isso para assustar mesmo. Quase todos na minha família têm essa mania de dar susto em todo mundo. Sei que é uma brincadeira muito sem sentido, que é feio fazer, mas tens que concordar que é muito engraçado pegar uma pessoa desprevenida e fazer ela pular de susto. Morro de rir da expressão do outro, aliás, tô rindo agora lembrando daquele dia com o Samuel. Gritei. Ele também deu um grito apavorado e, de tão assustado que ficou, saltou no sofá e a pizza caiu do prato em cima das pernas dele e o deixou todo queimado. O meu irmão ficou tão, mas tão bravo que saiu correndo atrás de mim pelo apartamento dizendo que ia me matar. Nunca vi ele tão furioso assim na minha vida. Sorte que não estávamos sozinhos e minha mãe e minha irmã acalmaram a situação. Puxa, eu não queria te machucar, Samuka, mas que foi engraçado, isso foi! E o melhor de tudo é que aquele episódio fez eu me sentir realmente em família naquela cidade tão estranha para mim.

Em várias ocasiões, o Samuel me ajudou demais, principalmente na época da morte do Maurício. Ele foi a mão firme que me segurou em alguns momentos, quando achei que fosse desabar. Foi capaz de me mostrar alguma luz nos momentos em que eu só via escuridão, e abraçou a mim e a Julia de uma forma que fez a gente se sentir mais seguras. Adoro ver como a Julinha ama esse titio, como ela diz. E ai de quem tentar falar mal dele na frente dela, ela defende com unhas e dentes. Veja só, uma parceria que também ficou mais forte por conta dos "limões azedos" que foram aparecendo.

Ele é do tipo mais observador, mais quieto; não joga conversa fora e tem um raciocínio que clareia qualquer situação. Ouço sempre muito o que ele me diz e geralmente não me arrependo.

Você deve estar pensando: esses dois não têm defeitos? É só coisa boa? Claro que têm, vários, assim como eu e como qualquer outra pessoa. Mas sempre olho para eles com tanta gratidão que fica difícil falar das suas falhas. Escrevendo tudo isso, me dou conta cada vez mais de que devemos cuidar muito bem dos nossos irmãos. Eles são tesouros em nossas vidas. É incrível saber que eles, mesmo longe, estarão sempre por perto.

Fulvio e Maria

Ah, esses dois... Os meus alicerces, o meu porto seguro, meus mestres, a minha fonte de inspiração para a vida! Meus pais! Tem uma música do Nando Reis que diz assim: "... amor que aprendi vendo os meus pais, amor que tive e recebi e hoje posso dar livre..." Sempre que ouço essa parte, os meus olhos se enchem d'água porque lembro dessa dupla que transborda amor e que tanto me ensinou e continua me ensinando com palavras, mas principalmente com exemplos.

O Fulvio Naspolini, meu pai ou paizão, como prefiro chamá-lo, está com 81 anos. Ele foi radialista, também escrevia uma coluna de esporte no jornal local e trabalhou por mais tempo no ramo de transporte de cargas. Tinha uma transportadora em sociedade com o cunhado. Saía de casa às sete da manhã para trabalhar e voltava às oito da noite. Incrível isso, quando a preguiça tenta me pegar, sempre mentalizo ele chegando tarde da empresa e basta esse flash para que eu ganhe uma injeção de ânimo e toque o barco. O pai trabalhava muito, muito, o que não significava que fosse um pai ausente. Estava sempre atento a tudo e nos estendendo a mão ou dando colo quando a gente precisava. Ele nos fazia e nos faz carinho com o olhar. Que olhar doce o paizão tem. É de uma perspicácia e uma inteligência difíceis de se encontrar por aí. Que homem sábio é esse meu pai!

Ele chegava em casa, cansadão, louco pra relaxar, e, mesmo assim, se enchia de paciência com a gente. Sentava no sofá, na frente da televisão ligada, com uma dose de uísque e uma vontade danada de assistir ao *Jornal Nacional*. E aí os três filhos entravam em cena. Pai pra cá, pai pra lá, todos querendo contar como tinha sido o dia, fazendo perguntas, pedindo coisas, e ele, com toda calma do mundo, prestava atenção em tudo, e o jornal acabava jogado para escanteio. Só pela cara dele já sabíamos se tínhamos feito alguma coisa errada. Nunca na vida o nosso pai levantou a mão pra gente, nem uma palmada que fosse. Mesmo com um jeito mais quietão, o pai brincava muito com nós três, principalmente de Frankenstein. Ele, claro, era o monstro que vinha correndo pela casa com um cobertor na cabeça, e nós saíamos em disparada para a cama dele e nos enfiávamos debaixo do edredom pedindo socorro para a mãe. Era realmente uma farra! Que tempo bom! O paizão adorava entrar com a gente no mar. Quando o fim da tarde ia se aproximando, ficávamos na varandinha da nossa casa na praia, só de olho nos faróis dos carros, e fazíamos uma aposta: quem vai acertar qual é o carro do pai? E quando ele chegava, a gente corria para abraçar e dar muitos beijos. Algumas vezes, para nossa felicidade, ele conseguia chegar um pouco mais cedo e nos levar para o mar. Como me lembro desses momentos! Ele ia com uma prancha branca de isopor e fazia a maior bagunça com a gente na água. Quando acontecia alguma coisa mais perigosa, tipo um de nós cair num buraco e ter que ser retirado por ele, a recomendação era sempre a mesma: "Não conta pra tua mãe. Ela vai ficar preocupada!" Hahahahaha!!! Tantos anos se passaram e agora ela está lendo no livro. Desculpe, pai, acabei revelando o nosso segredo! Mas a mãe vai entender, ela sempre entende...

Ao lado do meu pai, sempre esteve a minha mãe. É impossível falar dele sem falar dela; é impossível falar de felicidade sem falar dessas duas figuras, sem falar da dona Maria Dal Farra Naspolini. Minha mãe sempre trabalhou como professora. Dava aula na rede estadual de Santa Catarina e também na Unesc, Universidade do Extremo Sul Catarinense. Foi ainda vereadora, Secretária de Educação e vice-prefeita de Criciúma. Todo mundo quer ter a mãe por perto. Eu então, nem se fala... Sempre adorei e adoro sair com ela para passear pelo centro da cidade, ver as vitrines, tomar um cafezinho, jogar conversa fora, ouvir as tantas coisas que a mãe sempre tem pra me ensinar. Que companhia agradável... Adoramos entrar numa loja, provar roupas, uma ajudando a outra a escolher, dando palpite e, volta e meia, quando a gente percebe, estamos dando risada por algum motivo bobo. Ela é uma pessoa leve, sabe? Cresci percebendo que as pessoas gostam de estar perto dela: muita gente ia lá em casa pedir conselhos, chorar no ombro dela, pedir ajuda... Com o tempo, alguns políticos passaram a ir lá pedir que a minha mãe se candidatasse a um cargo qualquer; o que eles queriam era o nome dela na chapa para atrair eleitores. Sabiam que o nome da minha mãe seria um ímã de votos. E, detalhe, o meu pai estava sempre junto, apoiando cada passo que ela dava. Ficava nos bastidores, cuidava da campanha, organizava tudo e sempre deixava claro: "Estou aqui para o que der e vier." Foram dois mandatos, mas, para nossa sorte, ela acabou desistindo da política e ficou só com a sala de aula. Ufa! A minha mãe é boa demais para a política!

A dona Maria — mãezona como eu a chamo, ou Kinha como alguns amigos a conhecem — é a mulher mais forte que já conheci neste mundo. A sua garra, a sua determinação, a sua humildade e a sua serenidade são realmente características inspiradoras. Ela é uma mulher decidida, dessas que não perde tempo com lamúrias, que toma a decisão que é preciso tomar e segue em frente, de cabeça erguida. Sente medo, sim; sente desânimo, sim; sente aflição, sim, mas jamais deixa que esses sentimentos sejam maiores que as suas convicções e a sua fé. Digo sem nenhum exagero que, se eu conseguir passar por este mundo sendo dez por cento do que a minha mãe é, já terei cumprido a minha missão. Ela não é preguiçosa, sabe? Sempre que necessário — e não foram poucas as vezes que a vida exigiu isso dela —, a dona Maria arregaçou as mangas e foi à luta.

Já levei muita chinelada, né, mãe? Eu e os meus irmãos. A mãe sempre foi mais brava do que o pai. Quando o bicho pegava, era ela que corria atrás de nós pela casa com a Havaiana na mão. Geralmente a chinelada vinha depois que ela nos pegava brigando. Quando eu e a Mana estávamos nos agarrando pelos cabelos e rolando no chão, uma xingando a outra, era só ouvir a voz da mãe chegando que a gente já sabia que a bunda ia arder! Aí a briga virava parceria. Saíamos correndo juntas. Algumas vezes dava certo: a gente se escondia (claro que a mãe sabia onde a gente estava, mas se fazia de boba); só que, em outras ocasiões, não tinha jeito... Fica a dica, pessoal, a gente nunca consegue esconder as coisas das nossas mães! E, só pra esclarecer, as chineladas não doíam, na maioria das vezes era só pra dar um susto, e era a coisa mais comum do mundo naquele tempo.

Sempre que falo da mãe, a imagem que me vem à cabeça é ela sorrindo. Ela espalha sorriso por onde quer que vá, mesmo nas piores e mais dolorosas situações. Durante os meus tratamentos, o sorriso da minha mãe foi um santo remédio que me ajudou a enfrentar o câncer. Eu sempre pensava: *Se ela está sorrindo é porque tem jeito, é porque tudo vai ficar bem.*

Lembro como se fosse hoje. Fomos para a primeira sessão de quimioterapia em 1991 eu, a minha mãe e o meu pai. Fiquei umas seis horas no consultório do médico recebendo os remédios na veia. Era o de cor vermelha e já tinham nos avisado que ele era o mais forte, que traria mais efeitos colaterais. Fui para casa toda banza, grogue, dormindo no carro. Assim que chegamos, me colocaram direto na cama. Dormi até a manhã do dia seguinte e, quando acordei — guardo até hoje essa cena na memória e ela sempre me emociona (estou aqui quase chorando agora) —, o que vi foi a imagem dos meus pais, um do lado do outro, bem pertinho da cama, os dois sorrindo me dando bom-dia, com um Sonho de Valsa nas mãos. Não sei explicar, mas como me encheu de alegria e força aquela imagem! Se fosse hoje em dia eu teria puxado o celular bem rápido e batido uma foto deles! Ai, ai, como a beleza da vida está nas pequenas coisas!

O seu Fulvio e a dona Maria, que acabaram de comemorar bodas de ouro, são realmente a minha maior referência para tudo neste mundo. Não existe um só dia que eu não agradeça a Deus pelos pais que Ele me deu. O pai e a mãe me ensinaram uma das lições mais preciosas da minha vida: juntar as duas mãos, pôr os joelhos no chão e, quando tudo parece perdido, pedir a ajuda de Deus. Como precisei disso e como a oração me ajudou a voltar ao rumo certo novamente... Desculpe se estou sendo chata falando disso, mas quero muito te dar esse conselho: reze, ore, converse e abra teu coração para Deus, sempre, o tempo todo. Ele está ao teu lado agora, enquanto estás lendo este livro, e quer ouvir o que tens a dizer. Fale com ele, só assim conseguimos conviver e lidar com as situações desse mundo. Não posso acreditar que vais desperdiçar a chance de falar com Deus, que está aí bem pertinho. Converse com Ele, por favor! É uma coisa que só faz bem, que só ajuda. Eu rezo, oro (e muito!) em qualquer lugar, até tomando banho.

Não importa como seja a sua família, todas têm problemas, conflitos, o importante é que, independentemente de qualquer coisa, na hora do aperto a gente se dê as mãos. Pega o rancor, a raiva, a briga de anos atrás e faz uma bela fogueira com tudo isso. Na hora de maior dificuldade, não queremos super-heróis perto de nós, queremos o colinho de quem amamos, de quem nos conhece e daqueles a quem podemos mostrar as nossas limitações e os nossos medos sem qualquer constrangimento. Paizão e mãezona, o amor e a fé de vocês, a determinação em nunca desistir de lutar me trouxeram até aqui. Uma mulher de 46 anos que sabe quanto um sorriso e um Sonho de Valsa podem nos fazer um bem danado.

E olhe que, em 1991 (ano do Sonho de Valsa), a nossa luta estava só começando... Voltemos a falar do linfoma.

Peninha

"Não há por que nos desesperarmos. Não há por que ficarmos desestimulados. Não há necessidade de nada disso se compreendermos a ternura do amor de Deus."

Madre Teresa de Calcutá

Eu fazia as aplicações de quimioterapia de quinze em quinze dias. Eram duas medicações que se alternavam: tinha o dia da quimio vermelha e o da quimio amarela. Como já mencionei, o remédio mais assustador era o vermelho; era ele que, depois que entrava no corpo e matava as células cancerígenas, acabava deixando um rastro bem incômodo para o paciente, no caso eu. Ele me deixava com muito sono e enjoo. O dia seguinte era sempre bem ruim. Eu vomitava muito, ficava numa moleza que nem eu mesma me reconhecia. Tinha sempre uma náusea permanente, um gosto ruim na boca, nenhuma comida tinha sabor, ou melhor, todas tinham o mesmo gosto. Perdi um pouco o paladar, o que não serviu para perder peso, coisa que naquela fase, aos 18 anos, era um objetivo bem perseguido. Pelo contrário, durante o tratamento engordei, cheguei a 60 quilos. Só para comparar, atualmente fico entre 50 e 52 quilos, então bater na marca dos 60 fez muita diferença no meu corpo de um 1,60m. Na verdade, eu inchei bastante por conta da quantidade de corticoides que tomava. As minhas calças não entravam mais; as roupas ficaram apertadas e eu fiquei indignada. Acho até que me preocupar com aquilo naquele momento foi um jeito que encontrei de desviar um pouco a atenção da questão principal que era meu problema sério de saúde. Outro efeito do vermelhinho foi sentido alguns dias depois da primeira aplicação, e, nessa ocasião, tive uma surpresa bem desagradável: adeus cabeleira, a médica insensível (lembras dela?) tinha acertado na previsão. Caiu tudo, todos os fios simplesmente despencaram da minha cabeça. Passava as mãos e elas vinham cheias de tufos. Sobraram apenas uns fiapos, poucos mesmo. Diante do espelho, me apelidei de Peninha, aquele personagem de histórias em quadrinhos da Disney que tem só uns fiozinhos na cabeça. Dormi Susana e acordei Peninha!

O que fazer? Num primeiro momento, chorei. Chorava escondida. Sim, choro muito escondida, eu comigo mesma. Engraçado é que não tenho a menor dificuldade em falar dos meus problemas com as pessoas em quem confio; não tenho problema em mostrar as minhas fraquezas; gosto de compartilhar as minhas histórias com os outros como estou fazendo neste livro, mas não lido bem com o choro, com o meu próprio choro. Para mim, chorar sozinha é a coisa mais normal: na frente dos outros, eu me seguro, mas, depois, sai de baixo. Naquela época, chorava muito na hora do banho e na hora de dormir porque não queria preocupar os meus pais. Já estava tudo tão difícil que preferi lidar sozinha com as minhas lágrimas... Deixa que elas eu administro... Era um momento meu com Deus. Chorava e rezava, chorava e rezava, chorava e rezava. Sempre!

Por um bom tempo, o jeito foi usar a peruca que mencionei no capítulo anterior. Como não gostava da minha cara com um lenço na cabeça, fui atrás de uma peruca. Lá em São Paulo tinha uma loja enorme que vendia perucas feitas com fios naturais: o fio sintético parecia cabelo de boneca e esquentava demais. Experimentei muitos modelos, foi a manhã da peruca. Passamos horas na tal loja. Provei cabelo comprido, médio, repicado, com franja, sem franja, castanho-claro e escuro, preto e até peruca loira eu provei, o que, aliás, foi muito bom porque descobri que nunca devo pintar o cabelo de loiro; fiquei medonha, parecendo um espantalho. Realmente, fiquei muito feia loira, gente! Acabei escolhendo uma peruca com corte chanel (dava um ar mais chique para aqueles fios comprados na loja) e num tom castanho-claro, mais parecido com o cabelo que eu tinha. Essa de corte chanel ficava na altura do pescoço e tinha franjinha. Aqui vai uma dica para quem precisar: a franja disfarça bem e, assim, fica mais difícil notar que é uma peruca. O problema era o calor! Nossa, como passei calorão com aquele novo acessório! Ele esquentava a cabeça e, ainda por cima, dava uma coceira pior que piolho (tive muito piolho quando era criança, uma praga). Às vezes, quando eu estava na rua, tinha que ir a um banheiro para tirar a peruca, coçar e coçar e coçar a cabeça, e depois colocá-la de volta. Se aquela peruca falasse teria boas histórias para contar.

Uma vez fui a uma festa. Sim, eu tentava sair de vez em quando, principalmente quando minha irmã estava por lá. Afinal, eu tinha 18 anos, gente! Papo vai, papo vem, um guri me convidou para dançar. Lá fui eu, toda empolgada. Confesso que, usando peruca e tendo engordado, a minha autoestima estava meio em baixa, e ver aquele gatinho me dando mole me deixou feliz. Vamos dançar, então. No começo, estava tocando uma música lenta, dessas que a gente dança abraçadinho, uma delícia; só que o DJ fez o favor de mudar o som e entrou um rock superanimado. Eu, que adoro dançar, me animei ainda mais com a música e com o garoto. Estávamos os dois bem empolgados: vai pra lá, vai pra cá, vira prum lado, vira pro outro, e que tal um charme com o cabelo — a mulherada me entende. Foi aí que, de repente, a peruca voou! Saltou da minha cabeça e foi cair no chão bem longe de mim! Sério, gente! Tente imaginar a cena... Nunca esqueci a cara de espanto daquele guri, e ele provavelmente nunca vai esquecer a minha cara. Ele não sabia de nada; nem de tratamento, nem de câncer, nem de careca... Saí correndo atrás da minha peruca, que, naquele momento, era a coisa mais importante da minha vida. Fui encontrá-la sendo pisoteada por um monte de gente ao som do rock 'n' roll. Apanhei ela do chão e ajeitei de volta na cabeça, assim como quem recoloca um brinco que caiu. Eu devia estar vermelha, não, roxa de tanta vergonha. A minha sorte é que estava escuro, todo mundo meio bebum e ninguém percebeu, ou, se percebeu, achou que tinha uma doida estilosa ali no salão. Quando voltei para o ponto em que estávamos dançando, cadê o menino? Tinha desaparecido. Saiu correndo. Pulou fora. Não ficou nem pra perguntar que história era aquela. Isso aconteceu mais de vinte anos atrás, quando se tinha muito menos informação, então ele deve ter achado que eu era um alien que tinha baixado no planeta Terra. Coitado do guri, deve estar traumatizado até hoje!

Aquela peruca sofreu. Um dia, quando chegamos da rua, eu a coloquei num suporte, pois só a usava para sair, em casa eu encarava os fiapos do Peninha. Nunca tive coragem de raspar a cabeça, fiquei apegada àqueles fiozinhos, como se eles me dissessem que um dia tudo ia voltar ao normal. Aproveito para dar mais uma dica: tomara que você nunca precise fazer isso, mas, se acontecer com alguém que conheça, diga para raspar a cabeça, sim, porque, depois, o cabelo nasce mais forte e mais bonito. Bom, nesse dia chegamos em casa e fui tomar banho. Quando terminei, percebi que a peruca havia desaparecido. Como assim? Onde é que ela tinha parado? Já perdi o meu próprio cabelo e agora perco também a peruca? Quando olho na sala, o nosso cachorro, um pretinho da raça Pinscher, pequeno, mas muito nervosinho, estava agarrado na peruca. Ele a pegou pela boca com toda a força e estava correndo pela casa, de um lado para outro, arrastando meu corte chanel pelo chão. Na hora fiquei louca da vida, comecei a gritar, e veio a família toda pra correr atrás do bichinho, e como corria esse danado. Alguns minutos depois, tirei a peruca da boca dele, briguei, tentei explicar que aquilo era o meu cabelo e não um brinquedo. Mas depois, quando a raiva do cachorro peruquento passou, acabamos rindo muito com aquilo. Na verdade, caímos na gargalhada. Era um fim de semana e, como a família estava toda reunida, aquele acabou sendo o assunto de destaque. Essas são duas cenas que me fazem rir muito até hoje: os olhos arregalados do menino quando me viu careca na pista de dança e o nosso Shiva, esse era o nome do cachorro, correndo pela casa toda com a peruca na boca!

Com tudo isso, gente, o que quero mostrar pra ti e pra mim mesma é que até diante das situações mais esquisitas é possível dar boas risadas. Sorrir só ajuda. Uma boa risada faz a gente lavar a alma e nos dá uma injeção de ânimo, combustível de que eu mais estava precisando naqueles meses...

Fiz um total de doze aplicações de quimioterapia. A minha mãe, sempre ao meu lado, me lembrava o tempo todo de quantas já tínhamos feito e de que daríamos conta das que ainda estavam por vir. Graças a Deus, as minhas veias suportaram tantas agulhadas. Antes de cada uma daquelas aplicações, eu tinha que fazer um exame de sangue para ver se estava forte o bastante para aguentar mais uma dose dos remédios. Ou seja, num único dia, eram duas furadas na veia e isso de quinze em quinze dias, por aproximadamente quatro meses. As minhas veias sofreram, mas aguentaram, e não precisei colocar um cateter, que é um tubinho flexível que os médicos colocam num vaso sanguíneo e ele fica fixo ali até acabar o tratamento, evitando, assim, que as veias tenham que ser furadas o tempo todo.

No mês de agosto de 1991, as doze sessões de quimioterapia tinham acabado e era hora de começar a radioterapia. Lá ia eu para mais uma etapa do tratamento.

Nesse meio-tempo, fiquei morando em São Paulo, como disse, mas não parei de frequentar as aulas no Tablado. Toda segunda-feira, vinha de carro de São Paulo para o Rio, fazia a aula e voltava para São Paulo. Era uma maratona e tanto. Íamos eu, a minha mãe e quem estivesse com a gente naquela semana: a minha irmã, o meu irmão, a minha madrinha, Rosa, ou o meu pai. Todo esse esforço era para não largar o curso, mas, mais do que isso, também era pra mostrar pra mim mesma que a vida continuava, que tudo seguia o seu curso e que eu fazia parte dessa engrenagem sempre em movimento. Manter as aulas de teatro, o contato com os colegas e com o professor ajudou a me manter ocupada com algo que não fosse o hospital e a desviar um pouco o foco do assunto doença.

Acredito que esse é um dos segredos a serem lembrados quando somos atingidos por uma doença. No meu caso, por exemplo, a minha vida não era e não é o câncer. Eu estava doente, e fazendo o que estava ao meu alcance para ficar boa. Claro que o tratamento era prioridade absoluta, mas a vida tinha outras nuances, outros assuntos, o mundo continuava a girar e eu não podia ignorar tudo isso, ninguém pode ignorar tudo isso. Aceitar o problema, lidar com ele e lutar contra ele não significa fazer dele a nossa vida. A vida da gente é sempre a solução e, por isso, o problema não pode assumir um tamanho e uma importância maiores do que os que já tem. Mal comparando, imagina um calo daqueles doídos no dedão do pé. Imaginaste? Se ficarmos pensando nele o tempo todo, com a atenção voltada para o calo, a dor vai estar sempre presente. Agora, se, mesmo com o calo doendo, a gente conseguir se distrair com alguma outra coisa, a dor vai ficar mais suportável. Concordas? Foi mais ou menos isso que eu tentei fazer durante o tratamento. Estou tratando do calo, mas o meu corpo é muito maior que esse calo idiota! Estou me livrando do câncer, mas minha vida é muito, muito mais do que essa doença miserável!

A temporada em São Paulo se estendeu de abril até setembro de 1991. Nesse período, minha melhor amiga de Criciúma, a Nega, ou melhor, a Andréa Gazola, foi me visitar. Ir de Criciúma pra São Paulo não era tarefa fácil, ela encarou mais de doze horas de ônibus pra poder me dar um abraço. Chegando lá fomos sair um dia à noite, como fazíamos nos velhos tempos. Fomos eu, ela e a minha irmã. Gente, criei a maior confusão e acabei brigando feio com a Nega, acho que foi na hora de decidir sobre o barzinho a que iríamos, nem lembro direito. Ela ficou toda murcha e no dia seguinte foi embora. Aquele chilique com ela por tão pouca coisa foi, na verdade, um pretexto que encontrei pra desabar sem dizer que era por causa do tratamento. Briguei e chorei, esse foi o saldo da noite. São os altos e baixos que passamos quando estamos vivendo uma situação pesada, que foge do nosso controle. É natural, não somos de ferro, pode acontecer, o que não pode é descarregar nos outros. Foi feio o que eu fiz, morri de vergonha depois.

Bem, quando acabou a última sessão de radioterapia, voltei para o Rio pra concluir o curso do Tablado. Em fevereiro do ano seguinte, apresentamos uma peça como trabalho final do curso. Foi uma adaptação para o teatro de um livro do Rubem Fonseca. Por ironia do destino, eu interpretava o papel de uma jornalista que, na história, entrevistava uma atriz famosa. Quase uma profecia! Foi muito bom fazer teatro, mas as aulas no Tablado terminaram e eu voltei a morar em Florianópolis para seguir com a faculdade de jornalismo. Lembra do trato que eu tinha feito com os meus pais? Pois é, cumpri minha parte. O Tablado terminou e eu voltei pra faculdade.

Ao todo, foram seis meses de tratamento. O ano que seria dedicado à realização de um sonho — morar no Rio e ser atriz — teve o script trocado sem pedir licença. E, gente, é assim mesmo que a banda toca! Foram muitas agulhadas, a cabeça careca, os enjoos, o medo e uma pergunta que não me deixava em paz: o que eu fiz para merecer isso? Naquela época o "por que não eu" ainda não fazia parte da minha vida. Eu ficava procurando uma explicação; por que o câncer tinha aparecido? Por que ter que enfrentar esse tratamento doloroso? Por que, aos 18 anos, eu tive que me submeter a uma rotina de hospitais, exames e dor, quando meus amigos estavam passeando e estudando? Tantas dúvidas que só se dissipariam com o passar do tempo e com os acontecimentos que viriam mais tarde.

As coisas são como são

"Não ache um culpado,
ache uma solução."
Henry Ford

Eta! Frase óbvia... Tão óbvia que quase nunca a entendemos direito. Tão óbvia que estamos sempre nos esquecendo dela. Tão óbvia que seguimos o nosso dia a dia sem nunca nos darmos conta disso: as coisas são como são! E isso, gente, não tem nada a ver com conformismo, com passividade, com cruzar os braços; pelo contrário, aceitar essa realidade nos dá um gás tremendo para lutar seja lá contra o que for. A tacada mais certeira é sempre encarar os fatos como eles são: eles estão aí do jeito deles, e, como direi várias vezes (já falei em outro capítulo, eu sei!), cabe a nós escolher o caminho que queremos seguir, escolher a atitude que queremos tomar, escolher a forma como vamos lidar com esse fato que se apresenta à nossa frente!

Vem comigo para o túnel do tempo...

Era janeiro de 2011. Eu estava casada há dez anos, trabalhando no Rio de Janeiro e era mãe da Julia, que, na época, tinha 4 anos. Essa menina, ah, essa Julinha merece um capítulo só dela... Já, já falo mais dessa bênção que Deus nos deu a honra de chamar de filha.

Pois bem, em 2011, eu achava que o câncer havia ficado para trás, que já era uma velha história; afinal, vinte anos tinham se passado. Triste engano. Mais uma vez, me aparece um carocinho, só que, agora, era na mama esquerda. Deixa só eu abrir um parêntese aqui.

Descobri esse indesejado carocinho fazendo o autoexame. Senti aquela coisinha estranha, mais durinha, que não era para estar ali. *Não deve ser nada*, pensei. Deve ser uma bolinha de gordura. Vai que o monte de chocolate que eu como diariamente resolveu se acumular na mama? Será? Fiquei encafifada e fui ao mastologista, o especialista em mamas. Ele me examinou e pronto, fez aquela expressão que eu detesto ver no rosto dos médicos. Aliás, deveria ter um curso específico só para ensinar esses profissionais a NÃO fazerem essa cara quando estão atendendo um paciente. Sabe do que eu estou falando? Aquela cara que ao mesmo tempo mostra espanto mas mantém uma expressão meio sonsa para tentar disfarçar e fazer de conta que não é nada grave. Decididamente, detesto essa cara com todas as minhas forças. Se não entendeste do que estou falando é bom sinal, quer dizer que nunca encaraste um médico prestes a lhe dar alguma notícia ruim. Bom, voltemos à minha mama. O mastologista pediu que eu fizesse uma mamografia e uma biópsia. Com uma pistolinha que tinha uma agulha na ponta, a moça do laboratório tirou três fragmentos, ou seja, três pedacinhos do nódulo, e mandou para análise. Que exame chato! Uma agulha entrando na nossa mama, tenha santa paciência. Foi esquisito, mas não tão ruim quanto eu imaginava. Estava com muito medo desse exame, mais medo dele do que do resultado. Sério! Fui tremendo e saí de lá admirada. Não doeu e foi super-rápido. Vivendo e aprendendo: o monstro que a gente cria na nossa imaginação é sempre pior do que o monstro real (essa descoberta me ajudaria muito, mais adiante). Para de alimentar o monstro, gente!

Bem, enquanto esperava o resultado da biópsia, fiz também a mamografia, aquele exame em que a gente fica de pé, nas posições mais desconfortáveis, diante de uma máquina que esprime a nossa mama e faz uma espécie de raio X mais detalhado. Imagine uma bola de borracha sendo amassada. É a mama na mamografia. Mas, se tem que fazer, tem que fazer! Eu fiz e vieram os resultados. O resultado da biópsia deu negativo: não era um nódulo maligno e eu não precisaria nem operar para retirar. Já a mamografia... Olha a ironia do destino, ou melhor, olha Deus agindo na minha vida. A mamografia mostrou que o carocinho da mama esquerda realmente não era nada preocupante, mas revelou a presença de um outro nódulo, escondidinho, bem pequenino, na mama direita. Ele era tão pequeno que não dava para sentir no autoexame. Ou seja, uma grande ameaça do tamanho de um grão de areia.

Levei os exames para o médico e lá veio ele de novo com aquela cara, só que, dessa vez, tinha uma pitada extra de preocupação, muita preocupação. Era preciso investigar mais detalhadamente. Haja paciência, ia ter mais gente mexendo na minha mama. Credo, tá parecendo até pia de água benta! Mas repito: se tem que fazer, tem que fazer! Começamos a investigar! Fiz um outro exame chamado mamotomia, que eu nem sabia que existia. Mal entrei na sala, foram logo me avisando: nós vamos cutucar, puxar e espetar o seu seio, mas você tem que ficar quietinha, porque, se mexer, atrapalha tudo e temos que fazer de novo. Nossa, muito obrigada por avisar! A gente ali supernervosa, ansiosa, aflita, assustada, e ouve um "conselho" desses. Beleza! Quer dizer que tenho que ficar igual uma estátua, igual cachorro em cima do caminhão de mudança, não posso me mexer. Se der alguma coisa errada, a culpa é minha. Mais uma coisa para eu me preocupar. Respirei fundo, dei aquele sorrisinho amarelo para a equipe e lá fomos nós encarar mais um bicho-papão. O exame foi feito e todas as suspeitas foram confirmadas. O pesadelo se repetia na minha vida. Aos 37 anos, tive que ouvir mais uma vez o médico dizer: "Você está com câncer."

Se, aos 18 anos, o medo era pela minha pouca idade — impensável morrer tão jovem, com a vida toda pela frente —, agora, aos 37 anos, o pavor era pela minha filha. Eu não poderia deixá-la sem mãe. Somos grudadas uma na outra, sabe avião sem asa, fogueira sem brasa, futebol sem bola, pois é, somos eu e a Julinha. Somos tão, mas tão ligadas que o meu pai apelidou a gente de corda e caçamba! Tenho que ver minha filha crescer, se formar, conhecer o amor da vida dela, ter filhos. Quero ser vovó, meu Deus. Por favor, quero viver! E agora?

Como o câncer foi aparecer de novo? Cresci ouvindo que o raio não cai duas vezes no mesmo lugar, que brincadeira é essa? Adivinha a tentação? Adivinha qual foi a primeira pergunta que me veio à cabeça? Adivinha para qual lugar eu já estava me encaminhando? Quando dei por mim, lá estava eu me acomodando, me encaixando direitinho na posição de vítima. Coitada de mim... Câncer duas vezes...

Confesso que se colocar nessa posição traz certo conforto: as pessoas ficam com pena, nos olham com compaixão, tendem a fazer as nossas vontades, e, o pior de tudo, se somos coitados, então nada mais depende de nós, está tudo acabado, perdido. E uma das primeiras coisas que a gente pensa é: *Vou largar de mão, jogar a toalha.*

Mas será que é isso que a vida quer da gente? Se viver é tão, mas tão maravilhoso a ponto de acharmos a morte tão pavorosa, como podemos abandonar o vigor da vida e abrir espaço para o coitadinho entrar? Se estamos vivos, não somos coitados. Jamais! Se estamos vivos, temos alguma chance e, se temos chance, vamos à luta.

Estava doente de novo, sim, e daí? O que eu tenho de especial, o que tenho de diferente dos outros que me faça não poder ficar doente duas vezes? Por que tantas pessoas têm câncer no mundo todo — bebês, crianças, jovens, adultos, velhos, homens e mulheres — e eu não poderia passar por isso? Exatamente, Susana, chupa essa manga, o câncer bateu na tua porta pela segunda vez. Te vira!

A conta é a seguinte: coisas boas estão sempre se multiplicando em nossas vidas e, querendo ou não, gostando ou não, a matemática também se aplica a coisas não tão boas. No meu caso, essa praga chamada câncer estava ali, de novo, se somando à minha realidade. Um mais um igual a dois. Pela segunda vez, eu teria que nocautear a doença.

Pois bem, não adianta chorar sobre o leite derramado, então mãos à obra. Como eu já tinha sido diagnosticada com câncer vinte anos atrás, o médico preferiu optar por uma medida mais drástica. O ideal seria fazer uma mastectomia! É, pessoal, ter aquele monte de gente examinando a minha mama não tinha sido suficiente; seria preciso arrancá-la fora. Mastectomia é isso: a retirada da mama. Na cirurgia, não iam só extrair o nódulo, tirariam a mama direita inteira. Quando o médico me disse isso, assim na lata, desse jeito, saí do consultório, me enfiei no banheiro do hospital e comecei a chorar. Tirar a mama? Caramba, nunca imaginei... A mesma mama que tinha amamentado a minha filha até quase os 2 anos de idade, que tinha sido fonte de vida, de saúde, agora estava doente? Estava dando abrigo a um câncer e eu teria que arrancá-la para ter a possibilidade de viver? Eu gostava das minhas mamas, e a notícia de ter que arrancar uma, assim, na marra, me deixou arrasada. Os meus pensamentos se embaralhavam; parecia que estavam disputando uma corrida, mas cada um tinha saído em disparada para um lado; eles não se encontravam, não conversavam, não focavam em nada e eu não conseguia entender o que estava acontecendo. Só queria tocar a minha vida, trabalhar e, principalmente, criar a minha filha. Será que era pedir muito? A minha irmã entrou no banheiro e tentou amenizar a situação. Que bom que ela estava ali! Que bom ter alguém que amo tanto ao meu lado num momento como aquele; alguém que me ajudasse a colocar os pés no chão, mesmo que ele estivesse cheio de espinhos. Mas, naquele instante, por mais que ela falasse, eu só pensava: não quero ficar sem minha mama; ela é minha. Esse mundo é muito doido mesmo, que loucura tudo isso. Que loucura!

O Maurício também estava comigo, que sortuda eu sou, duas pessoas tão especiais estavam comigo num dia tão conturbado. Ele estava ali me dando as mãos, dizendo que tudo iria acabar bem, mas, no fundo, ficamos todos de boca aberta. Parecia cena de filme, de um daqueles dramas que fazem a gente chorar horrores. A diferença é que, naquele dia, as luzes não se acenderam e eu não fui para casa feliz. Saí de lá com a cirurgia marcada para o dia seguinte e com a missão de dar a notícia para a Julinha e para a minha mãe, que não parava de ligar querendo saber o que o médico tinha dito. Aquela seria minha última noite com os meus dois seios, e acabei não dormindo nada. Doideira, né? Foi como uma despedida. Eu estava me despedindo da minha mama direita. Só ficava pensando: *amanhã, a essa hora, ela não vai mais estar aqui.* E chorava, chorava muito. Simplesmente não parecia verdade. *Isso está mesmo acontecendo comigo? Será possível?* Era, sim; era bem possível.

No dia seguinte, eu, a minha irmã e a minha mãe madrugamos no hospital. Ah, a minha mãezona, que força me deu. Enquanto me preparavam para entrar no centro cirúrgico, a assistente do médico veio marcar com a canetinha os pontos em que a mama seria cortada. Parecia que eu era uma tela e ela, com a caneta pra cima e pra baixo, ia riscando todo o meu seio. Acontece cada uma! Para aquela mulher, seria só mais uma mastectomia; para mim, era o adeus a uma parte do meu corpo. Adivinha só? Caí em prantos! Chorava litros e litros. Tinha chegado a hora da cirurgia e ninguém veio me acordar do pesadelo. Que saco, que droga! Fazer o quê? Fazer o quê?

Me levaram para a mesa de operação.

Fiz a mastectomia. A operação levou quase doze horas. É que alguns médicos optam por fazer tudo ao mesmo tempo: a retirada da mama doente e a reconstrução da mama postiça, ou seja, a colocação da prótese. Tive um pós-operatório horroroso. Conhece aquela expressão: comi o pão que o diabo amassou? Pois o período que se seguiu à operação foi exatamente assim. Tudo muito doloroso e, por conta das horas de anestesia, fiquei muito, mas muito enjoada. Depois que a operação acabou e me levaram de volta para o quarto, passei o tempo todo dormindo e acordando; estava muito grogue, sem entender onde estava e o que acontecia à minha volta. Só sentia um incômodo terrível, um peso no peito, uma sensação de que tinham passado cimento para colar a prótese. Acordava, vomitava e voltava a dormir. Foram momentos realmente muito ruins. Tinha a dor física, bem palpável, mas também a dor da perda, a dor de saber que a minha mama tinha sido arrancada. Lembro bem da minha mãe no quarto, um anjo tentando me dar paz. Fiquei três dias no hospital e fui para casa com quatro drenos pendurados.

Começava um período de curativos diários, de sessões de fisioterapia e de uma luta constante contra a tristeza que ficava o tempo inteiro batendo à minha porta, querendo entrar e tomar conta de tudo. Aquela pergunta não parava de me atormentar: *Por que comigo? Por que isso de novo?*

Eu rezava muito, conversava com Deus, pedia paz, pedia força.

Foram realmente dias pesados, um peso que só foi aliviado pela presença da minha família. A dedicação e o cuidado deles comigo compensavam o sofrimento. Sentir as mãozinhas da Julia, de 4 anos, me ajudando a tomar banho, me auxiliando nos curativos ou dando uma força para a Helena na hora de arrumar a mesa para o lanche da tarde fazia todo o cenário de doença perder espaço para um cenário de amor. Aliás, a Helena é a nossa família aqui no Rio. A Dadazinha, como a chamamos, está com a gente há mais de dez anos. A Helena é a nossa amigona de todas as horas, a nossa companhia de todos os momentos. Amiga fiel, verdadeira. Mais que amiga: como diz a Julia, é a avó carioca dela!

O dia começava com o banho. Impressionante como um simples banho pode virar um tremendo desafio. Puseram um banco no chuveiro, e eu tinha que cobrir toda a parte operada com plástico para não molhar. Logo eu que adoro me enfiar no chuveiro, tomo mais de um banho por dia, e, agora, ele tinha se transformado nessa dificuldade toda! Tínhamos que tomar muito cuidado, sim, tínhamos, porque eu precisava da ajuda da minha mãe e da Julia. Acabava que as três saíam encharcadas, mas os drenos ficavam sequinhos. Uhuuuul! A cada banho, uma vitória! Aí chegava a fisioterapeuta. Coisa chata essa tal de fisioterapia! Importante, necessária, mas muito chata. Levanta braço, baixa braço, estica braço, puxa braço. Eu não podia perder a mobilidade e não podia deixar o braço inchar. É que, muitas vezes, como tiramos a mama e, junto com ela, alguns gânglios da axila, o braço pode ficar com um inchaço enorme e a nossa meta era não deixar que isso acontecesse. Era uma hora diária de fisioterapia, e, quando a fisioterapeuta me dava tchau, eu vivia um dos momentos mais felizes do dia. Nada contra ela, gente, mas era tudo muito chato.

Bom, mas ainda tinha a parte dos curativos. Pelo menos duas vezes por dia, a gente precisava esvaziar os drenos. Eles só seriam retirados quando parasse de sair qualquer secreção do local operado. Era um verdadeiro trabalho de equipe. A minha mãe abria os drenos e retirava o líquido. Enquanto ela media a quantidade de secreção, o Maurício segurava os drenos dobrados para que o ar não entrasse e contaminasse o corte que ainda não havia cicatrizado, e a Julinha, que queria "ajudar a cuidar da mamãe", ficava encarregada de entregar a gaze e os esparadrapos para a avó. Um dia, vendo todos eles correndo de um lado para outro, empenhados em cuidar de mim, me vieram à cabeça dois pensamentos que, de repente, me fizeram sorrir de alegria. Isso mesmo: senti uma profunda alegria. Foi como se a luz se acendesse; e me dei conta de que a vida era boa, sim, de que eu tinha uma família, uma família que estava cuidando de mim, que me amava, e que ainda tinha, veja só, a medicina a meu favor. Viva a mastectomia!!! Isso mesmo, repito, diga comigo, viva a mastectomia (não estou exagerando)! Ela não arrancou a minha mama; ela arrancou o câncer de mim. Vou repetir: ela tirou o câncer de mim! Que história é essa de deixar a tristeza ganhar espaço?

Fui ao dicionário procurar a definição da palavra tratamento. Diz o seguinte: "É o conjunto de meios de qualquer tipo, sejam farmacológicos, cirúrgicos ou físicos, cuja finalidade é a cura ou o alívio de enfermidades ou sintomas, após o diagnóstico."

Pois bem, diante dessa definição, como olhar para o tratamento com medo, raiva ou revolta? A mastectomia fazia parte do tratamento, ela era minha aliada e não minha inimiga. Definitivamente, eu estava convencida: a gente escolhe como enxergar o problema; a escolha é nossa e de mais ninguém. NOSSA! Naquele dia, naquele momento, fiz a minha escolha, tomei uma decisão: não me deixaria levar pela tristeza; o desânimo não seria maior do que a minha fé. Com quatro drenos pendurados, sem a mama, seja lá como for, escolhi acreditar, escolhi levantar a cabeça. Com essa decisão tomada, me senti mais forte para a próxima etapa do tratamento, as oito sessões de radioterapia. Foi uma fase mais tranquila, já que não tinha dor envolvida. Mas também era uma fase perigosa.

Todos os dias eu ia ao hospital para fazer a aplicação. Funciona assim: você se deita na cama e o técnico posiciona a máquina de forma precisa. É como um dardo, desses que a gente joga no alvo, só que no lugar do dardo o que sai do equipamento é um feixe de luz radioativa que penetra no nosso organismo e vai direto até o local onde antes havia o tumor. No meu caso, era uma forma de matar qualquer célula cancerígena que tivesse driblado a mastectomia e ainda estivesse escondidinha ali. A radioterapia é um recurso usado para garantir que as malditas não sobrevivam. O único problema é que eu estava colocando radiação para dentro de mim, estava correndo o risco de ela acabar atingindo uma área saudável do corpo e com isso desencadear outras doenças. Mas o custo-benefício fazia valer o risco. Como se diz: é o que temos pra hoje!

Aqui voltamos ao título deste capítulo, lembra? As coisas são como são! Então, se essa era a minha realidade naquele momento, eu deveria fazer de tudo para lidar da melhor forma possível com o que a vida estava me oferecendo. E vamos que vamos...

Lá vem o raio de novo

> "Precisamos de bem pouco para sermos felizes. O problema é que precisamos de muita experiência para compreendermos isso."
> Autor desconhecido

Sabe aquele momento em que tudo parece estar entrando nos trilhos? Quando penso nessa época da minha vida, sempre me recordo daquela frase da Bíblia que diz que "depois da tempestade vem a calmaria". Pois é, eu achava que a calmaria estava chegando, mas não era bem isso que esperava por mim.

Em janeiro de 2011, como viste, passei pelo tratamento contra o câncer de mama e fiz a mastectomia. Em março, comecei as sessões de radioterapia: foram dois meses de rádio, e, como o médico era paulistano, todo o tratamento foi feito em São Paulo.

Abro aqui um parêntese para falar um pouco a respeito desse médico. Achei ele negligente, indeciso, inseguro, relaxado e tapado; um daqueles médicos que não enxergam um palmo na frente do nariz. O problema é que, quando essa é a postura adotada por um médico, quem paga o pato é o paciente. E eu paguei o pato. Posso contar agora e já, já volto ao novo episódio de câncer? Não resisto, vou contar.

Esse oncologista me indicou um cirurgião plástico que, como eu disse no capítulo anterior, entrou na sala de cirurgia junto com ele. Um tirou o câncer, ou seja, a mama onde havia o tumor, e o outro colocou a prótese, fez a plástica que, em tese, seria para eu me sentir melhor e não sofrer muito com a ausência da mama retirada. Pois bem, a tal prótese sempre me incomodou muito, eu a achava pesada, apesar de ser de um tamanho médio; achava aquilo muito desconfortável, e, como eu dizia, a impressão era de que tinham cimentado alguma coisa no meu peito. Eu reclamava muito e, por isso, ficava indo e voltando aos consultórios desses dois que me operaram. Essa dupla dinâmica!!! A cada consulta, tanto um quanto o outro me diziam que estava tudo ótimo, perfeito, que era assim mesmo. "Mas doutor, a prótese parece meio estranha, meio torta e pesa muito!" Eles, com toda arrogância do mundo, respondiam: "É assim mesmo, a mama está linda." Não, não estava. Passei quatro anos tentando ignorar o meu corpo. Não conseguia me olhar no espelho direito, só usava roupas superlargas e ouvia continuamente a pergunta: por que você só usa essas roupas que parecem mais uns sacos de batata, você é tão magra, por que não usa umas blusas mais justinhas, mais certinhas? Eu disfarçava, dizia que preferia assim e ia levando; afinal, os meus dois médicos afirmavam que estava tudo certo.

Pois bem, quatro anos depois, só em 2015, resolvi procurar outro cirurgião plástico para mexer naquela prótese que tanto me incomodava. Operamos e sabe o que ele descobriu? A prótese colocada pela dupla de médicos arrogantes e incompetentes em 2011 estava de CABEÇA PARA BAIXO!!! Fiquei quatro anos com ela virada: por isso, tudo que eu vestia ficava feio; nenhuma roupa caía bem. Deveria ter entrado na justiça e processado aqueles dois patetas, mas não entrei. Estava em busca de paz e, por isso, me acomodei. Me arrependo, deveria ter processado os médicos! O que me consola é que Ele lá em cima viu tudo de perto, inclusive o meu sofrimento com a prótese virada. Sei que o que é deles está guardado!

***

Nossa, falei muito. Que novidade, né? Vamos retomar o fio da meada... Ah, sim, estava contando que depois da mastectomia, como o oncologista era de São Paulo, acabei fazendo a radioterapia contra o câncer de mama na capital paulista. As aplicações seriam em março e abril de 2011. Para que eu e a Julia não ficássemos longe uma da outra — a corda está sempre junto da caçamba —, ela foi matriculada numa escola paulista, pois assim não perderia aula. Tudo bem que ela tinha só 4 aninhos, mas desde os 6 meses ia para a creche e sempre adorou brincar com os amiguinhos do jardim. Sem contar que ela indo morar comigo em São Paulo ficaríamos pertinho uma da outra, e, para facilitar ainda mais as coisas, o Maurício já trabalhava em São Paulo de quinta a domingo. Mais uma vez, ficamos hospedadas na casa da minha irmã e do meu cunhado, o Marcio Sanches (eles eram casados na época). Aliás, a Mana sempre nos socorre nesses apertos. E o melhor de tudo, te contei no outro capítulo, é que a minha irmã tem dois filhos, o Felipe, dois anos mais velho que a Julinha, e a Sofia, um ano mais nova do que ela. Somos muito próximas deles. Os primos e a Julia se entendem maravilhosamente bem, falam a mesma língua, são do tipo unha e carne. Os três se divertem muito juntos, brigam e se amam pra valer. Falou em ir para São Paulo, a Julia vibra, comemora, estampa o sorrisão no rosto; afinal, vai passar uns dias na farra com os "irmãozinhos". Morar lá durante o meu tratamento acabou sendo uma experiência enriquecedora. Meio tumultuada, mas enriquecedora.

A família deles — o Marcio, a Mana e as crianças — ia seguindo a sua rotina normal de trabalho e escola, e nós duas estávamos chegando. Ponto um: eu, sem noção, levei duas malas daquelas bem grandes, cheias de roupas minhas, só minhas. Surreal! E claro, tinha a supermala da Julinha. Gente, que cara de pau eu fui. Ocupamos quase um guarda-roupa inteiro da casa deles. Que vergonha! Um segredinho: o bom de estar em tratamento contra o câncer é que ninguém briga com a gente. Mas não espalha pra ninguém. Se for o seu caso (tomara que não), aproveita!

Assim que chegamos a São Paulo, a Julia começou na escolinha, que era a mesma dos primos, o que facilitou demais as coisas. Os três iam e voltavam juntos, passavam a tarde toda lá, e, nesse período do dia, eu fazia a rádio, pois as aplicações eram diárias. O problema é que essas sessões duram segundos... O que fazer então no restante do dia numa cidade que não é a minha, onde não tenho amigos? Descansar, ler, ver televisão, passear. Foi o que fiz e muito. Não me sentia doente; aliás, nunca me senti doente. Sabe aquela frase do Milton Nascimento, "essa estranha mania de ter fé na vida"? Pois eu tenho essa mania. Qualquer um pode ter e não depende de alguma religião específica, depende de você querer. E essa "estranha mania" acabou me ajudando muito nesses momentos difíceis. Eu estava em tratamento, mas acreditava demais que daria tudo certo; que era só um ponto e vírgula na minha história; que em pouco tempo tudo voltaria ao normal, então, assim, fui tocando esse período em São Paulo. Eu queria estar lá? Não! Queria estar doente? Óbvio que não! Adiantava eu bater pé e lutar contra a realidade? Claro que não! Então, nessas horas, só nos resta ir colocando um açucarzinho a mais na limonada azeda! No frigir dos ovos, foi muito bom ficar esse tempo na casa da minha irmã. Imagina se eu tivesse que ficar num hotel! Além da questão do preço, não poderia ter levado a Julinha junto comigo; não teria aquela falação tão típica da família Dal Farra Naspolini, aquela correria para se arrumar para a escola, as brigas pela coxa do frango assado, a discussão sobre qual filme assistir. Tenho certeza de que o fato de estarmos todos juntos me ajudou muito.

No final de abril, com o término da radioterapia, estávamos todos na expectativa de voltar para o Rio, para a nossa casa, para as nossas vidas. Eu estava muito animada, com muita, muita, muita saudade do trabalho, e a Julia com saudade das amigas, do seu quarto. Voltamos felizes, com aquele gostinho de missão cumprida.

Mas a tempestade ainda não tinha passado...

***

Por conta do câncer de mama, eu teria que fazer acompanhamento com um oncologista por cinco anos (é sempre assim para quem tem câncer). Por sugestão de um amigo dos meus pais, e para minha sorte, resolvi procurar outro profissional. Apesar de ainda não ter descoberto que a prótese estava de cabeça para baixo, eu estava insatisfeita com o jeito como o meu médico me tratava: ele nunca queria saber da Susana, só queria saber da mama, como se eu e ela fôssemos duas coisas separadas. Me poupe, né! Fuja desses médicos que não conseguem enxergar a gente como um ser humano total e único. Ainda bem que acabei trocando de médico. Ufa! Fui parar nas mãos da competente e incansável Dra. Nise Yamaguchi, que trata cada paciente com amor, respeito e como uma pessoa completa. Ela não nos olha como partes de um corpo; tem a maior paciência do mundo, quer nos ver e nos ouvir; quer saber dos nossos medos e das nossas inseguranças. Finalmente alguém que olhou realmente para a Susana! Já no final da primeira consulta, não tive qualquer dúvida: a Nise seria a oncologista com quem eu faria os cinco anos de acompanhamento.

Cuidadosa que só ela, de imediato me pediu vários exames, entre eles uma ultrassonografia da tireoide. Eu protestei! "Afinal de contas, para que tantos exames? A minha tireoide sempre funcionou muito bem."

Veja como o nosso "anjo da guarda" cuida bem de nós. Fiz os exames e adivinhe... havia três nódulos na minha tireoide. Para quem não se lembra, a tireoide é uma glândula em forma de borboleta que temos na altura do pescoço, próxima da garganta. Ela é responsável pela produção dos hormônios que regulam o nosso metabolismo. Quando ela vai mal, afeta o bom andamento de todo o nosso organismo. Com o resultado da ultrassonografia nas mãos, foi preciso fazer uma punção para saber se os tais nódulos eram ou não malignos, se era ou não o câncer que vinha de novo me encher a paciência.

Lá vou eu para mais uma punção. *Já tô ficando craque!*, pensei. Eu tava enganada, essa seria a biópsia mais chata que já fiz. Primeiro, lá veio o médico com aquela recomendação de que eu não poderia me mexer, tinha que ficar paradinha, até pra respirar tinha que ter cuidado. De novo isso, já estava ficando repetitivo! Segundo, avisou que não usaria anestesia! Exatamente, o local não seria anestesiado. E terceiro, o médico se aproxima com a agulha e enfia no meu pescoço. Ele só dizia: "Não se mexa, não se mexa!" Logo para mim! Eu, Susana, ficar sem me mexer! Só se for amarrada... Até dormindo me mexo o tempo todo. Queria ver se fosse no pescoço dele! Bom, foram três espetadas, porque ele precisava colher fragmentos dos três nódulos para fazer a biópsia. Lá se foi o material para análise em laboratório e eu segui o meu caminho. Trabalho, casa, mercado, padaria (adoro uma padaria... o povo lá de casa fica até rindo de mim de tanto que gosto de comprar pão, afinal, coisa boa um cafezinho com pão), buscar a Julia na escola, enfim, a minha santa rotina.

Eu estava no carro com a minha filhota. Eram mais ou menos sete horas da noite quando a Dra. Nise me ligou. "Susana, saiu o resultado. Você tem um carcinoma papelífero." Gente, que sarna é essa? Dá pra traduzir? Só porque ela é japonesa será que resolveu falar japonês comigo? A frase que veio a seguir foi justamente para me explicar o que era aquilo. Resumindo: eu estava com câncer na tireoide. "Nise, o que é que eu faço agora? É uma metástase da mama?" Ela disse que não, que era um câncer independente e que a solução seria tirar a tireoide o mais rápido possível. Desliguei o telefone e comecei a chorar. Mas espera, a Julia está na cadeirinha ali atrás. Ai, meu Deus, me ajude! Claro que vou contar tudo para ela, mas de um jeito que só as mães sabem fazer para falar dos problemas com os filhos. Não posso contar para ela desse jeito, ela tem só 5 anos, é o amor da minha vida. "Mamãe, você tá chorando?" Vixi, lascou, ela percebeu! "Tô, filhota!" Próxima pergunta, adivinha... "Por quê, mamãe?" Pense rápido, Susana, a tua agonia, a tua aflição não devem sobrar para a tua filhota. Ah, já sei! No dia anterior tínhamos recebido a notícia de que um tio nosso de Santa Catarina infelizmente tinha morrido. Ele já estava hospitalizado fazia um tempo e não aguentou mais. Então, fiz o seguinte e até hoje agradeço ao meu tio Pedro: "Filhota, tô chorando porque tô lembrando do tio Pedro, que morreu ontem. Lembrei dele e fiquei triste." Como sempre, ela entendeu, respeitou o que eu estava sentindo, continuamos ouvindo e cantando a música que estava tocando no som do carro e seguimos nosso trajeto até em casa. Claro que mentir é muito feio, tô até com vergonha de estar contando isso pra ti, mas sinceramente naquele momento, naquele contexto, eu não tinha mais o que fazer. Precisava pensar, digerir a notícia, para depois sentar e conversar com a minha filhinha.

Quando chegamos, o Maurício veio abrir a porta e, pela minha expressão, logo percebeu que não vinha coisa boa pela frente. Contei o que estava acontecendo e ele, como sempre fazia, me deu aquele abraço que só ele sabia dar, disse que tudo ia ficar bem, que estávamos juntos e que daríamos um jeito. Liguei também, evidentemente, para a minha mãe e para a minha irmã. Chorava muito ao telefone... Era inacreditável estar ali, mais uma vez, dando aquela notícia. Me deu vontade de matar quem inventou o dito de que o raio não cai duas vezes no mesmo lugar!

A minha mãe, com a voz calma e decidida de sempre, e com aquela fé que só ela tem, me passou a tranquilidade e a paz de que eu tanto estava precisando, e minha Mana, com aquele seu jeito prático e otimista, ajudou a injetar esperança no meu coração.

Ops! Precisava ligar também para o meu trabalho. Tinha que telefonar para a TV e dizer que teria que pegar uma licença médica de novo, que ficaria afastada de novo. Nossa, eu estava muito sem jeito... Havia voltado em maio da licença por causa do câncer de mama e, agora, lá ia eu sair mais uma vez. Que droga! Respirei fundo e telefonei. Afinal, para qualquer funcionário trabalhar bem, ele tem que estar com a saúde em dia, com a cabeça no lugar. O rendimento do trabalhador é proporcional ao seu bem-estar. Mas sabemos que nem todo empregador pensa desse jeito: muitos deles pensam apenas no bem-estar da empresa e não no do funcionário. Até aqui, a Globo tinha sido uma "mãe" para mim, me dando todo apoio e, mais que isso, todo o suporte necessário para o meu tratamento. *Deus queira que continuem assim*, foi o que pensei ao ligar para o meu chefe.

Recebi da emissora todo o apoio de que eu precisava. Deixaram claro que o meu emprego estaria me esperando e que, naquele momento, o mais importante era eu me concentrar no tratamento, que nada mais importava, que todos estariam torcendo muito por mim e que eu poderia contar com eles para o que fosse necessário. Gente, aquilo foi fundamental: como me fez bem receber o carinho, o conforto, a segurança da empresa onde trabalho naquela noite tenebrosa em que eu estava encarando mais um diagnóstico de câncer. Disseram que eu poderia ficar afastada pelo tempo que fosse preciso, pois o meu espaço continuaria sendo meu. Ai, RJ Móvel! Quanta saudade eu ia sentir mais uma vez! A TV Globo cuidou muito, muito, muito de mim, e só tenho a agradecer.

Dois dias depois, no início de outubro, eu já estava na mesa de cirurgia. A operação foi ótima. Passei apenas uma noite no hospital e, no dia seguinte, fui para casa sem nenhum dreno pendurado. Mas não continuaria sendo essa moleza toda. A Nise me explicou que eu não teria que fazer quimio (vivaaaa!) nem rádio, mas teria que fazer um tratamento com iodo radioativo: um líquido que você bebe para matar qualquer célula cancerígena que tenha escapado. Meu Deus, que novidade é essa? Bebo um líquido, uma única dose e pronto, tratamento feito? Nada de agulhadas, de náuseas? Seria simples assim? Claro que não, nada é simples. O iodo radioativo é muito eficaz no tratamento de câncer de tireoide, mas, como o próprio nome diz, ele é radioativo e o nosso corpo fica impregnado por essa radioatividade. A gente ingere a tal dose no hospital e precisa ficar em isolamento por três dias, sem ter contato com qualquer pessoa. Não pode se aproximar de ninguém, abraçar ninguém, ver ninguém de perto. Como se ficasse na solitária de uma prisão. Exatamente, depois de tudo, a solitária me esperava! Seriam três dias trancada num quarto de hospital, presa e sozinha.

E lá fui eu. Cheguei ao hospital bem cedinho. Às sete da manhã, já estava internada. Eu e as paredes do quarto. De repente, o médico entra acompanhado de uma enfermeira. Os dois usavam roupas de astronauta. Estavam trazendo um recipiente hermeticamente fechado que abriram na minha frente. Tiraram um líquido lá de dentro e me mandaram beber. Nossa, para mim, que adoro tomar um belo café da manhã, não era exatamente do que eu gostaria para começar o meu dia... Mas, se é pela minha cura, então vou encarar aquele copinho com um líquido transparente como se fosse uma xícara de café com leite bem quentinho e fumegante. Tomei. Na verdade, quase não tem gosto nenhum.

E agora? Agora, tchau, Susana. Se precisar de alguma coisa, aperte a campainha, a gente se vê daqui a três dias. Foi mais ou menos isso o que o médico me disse. Mais uma vez, eu estava sozinha com as paredes do quarto e os meus pensamentos. Que medo deles! Começou a me dar certo pânico, confesso, quase uma falta de ar. Olhar para a frente e imaginar aqueles três dias ali sozinha num hospital começou a me assustar. "Pai Nosso que estais no céu... Ave Maria cheia de graça..." Eu rezava e rezava muito. Tinha que me acalmar. Afinal de contas, estar ali era uma coisa boa; fazia parte do tratamento; era um degrau importante para alcançar a cura. Eu tinha que aguentar firme. Tinha que fazer amizade com aquelas paredes. Olá, paredes, cuidem bem de mim! Ah, lembrei que tinham me falado pra levar filmes em DVD porque teria um aparelho no quarto. Foi a minha salvação!

Comecei a ver um filme atrás do outro. Parecia uma alucinada devorando os filmes, me imaginando em cada uma daquelas histórias. A comida chegava, eu comia bem depressa, de um jeito meio compulsivo mesmo, e logo voltava para os filmes. Falei com a Julinha pelo telefone, mas também evitava ficar falando muito para ela não perceber a minha ansiedade. De repente os três filmes terminaram, só trouxe três? E agora, Senhor, o que vou fazer? Ler eu não conseguia, não tinha jeito de eu me concentrar, a minha hiperatividade, que já existe no meu estado normal, estava em nível máximo. Rezei mais e mais e mais e mais e dormi. No segundo dia, o Maurício trouxe outros DVDs para mim e os deixou com as enfermeiras. Aliás, cada vez que elas entravam no quarto para trazer a comida, vinham com a tal roupa de astronauta, e, em vez de eu ficar feliz por ver alguém, aquilo me fazia mal. Puxa vida, virei uma ameaça agora; virei uma pessoa contagiosa! Para com isso, Susana! Para de olhar para tudo como uma rabugenta. O que está acontecendo é para o teu bem! Simplesmente agradeça, guria! Eu tinha que me dar esses puxões de orelha o tempo todo, para cair na real e não ficar alimentando o monstro chamado "coitadinha de mim". À tarde, tive uma ótima surpresa! A Luly, amigona querida e de todas as horas, me telefonou. Só para vocês saberem, a Luly é a Ana Luiza Guimarães, que apresenta o *RJTV*. Que pessoa incrível é essa mulher! Sempre, sempre me ajudou, em todos os momentos... Ela me ligou e ficamos horas no telefone. Como foi bom, leve, divertido. Não sei se ela tem noção de quanto me ajudou naquele dia. Falamos de trabalho, da TV e, durante aquele tempo com ela, foi como se eu não estivesse no hospital, como se eu estivesse na minha rotina no Rio de Janeiro, conversando com uma amiga muito amada. Lulinha, quero aqui dizer que jamais vou esquecer de ti naquele dia e de quanto foste fundamental para resgatar a minha serenidade.

Agora, o mais duro foi ficar longe da minha pequena. É que, por conta da radioatividade, quem tem criança em casa precisa ficar uma semana afastada dela pra não correr o risco de contaminar o próprio filho. Chega a ser engraçado: eu estava radioativa! Fazer o quê? Se era para o bem da Julia, e para o meu, não havia outra saída. Os três dias de isolamento no hospital chegaram ao fim. O Maurício foi me buscar e fomos para um hotel em São Paulo, já que eu também não podia ir para a casa da minha irmã por conta das crianças. Fiquei lá mais quatro dias escondida e finalmente voltei para casa. Lembro que, quando cheguei, agarrei muito a Julinha, beijei muito aquelas bochechas lindas e pensei: agora chega, agora minha vida vai voltar ao normal.

Que história é essa de sentir culpa?

"As pessoas perfeitas não discutem, não erram, não brigam e não existem."
Autor desconhecido

Para mim, aí é que está o pulo do gato! Eu lhe pergunto: o que é uma vida normal? Qual o significado de normal? Fui pedir ajuda ao dicionário e a definição que achei foi: "Normal: o que não é diferente, o que é igual à maioria que está ao seu redor."

Então, vamos pensar um pouco... É tudo uma questão de ponto de vista. No momento em que eu estava fazendo a quimioterapia, rodeada de médicos, enfermeiros e outros pacientes com câncer, o normal, o igual, o comum ali era estar se tratando da doença.

Agora vamos alargar o campo do nosso pensamento. Se sairmos das paredes do hospital, formos para o dia a dia de trabalho, de casa, o que é ser normal? O que é ter uma vida normal?

Quando parei para responder a essa pergunta, olhando não só para o meu umbigo, mas para as pessoas à minha volta além da família e dos amigos, ou seja, todos os seres humanos que cruzam a minha vida e também aqueles que não conheço, mas que estão aqui neste mundo, vasto mundo, percebi que o normal é tentar sobreviver. O normal é lutar com unhas e dentes pela nossa vida. Não existe vida sem problemas, não existe família sem doença. O normal, nesta nossa caminhada, é irmos deparando com dificuldades e, mesmo aos trancos e barrancos, seguir em frente, sempre em frente. Lembrando que frear e, às vezes, até mesmo recuar também significam continuar caminhando.

Digo para qualquer pessoa que esteja enfrentando um problema: entenda esse momento difícil como vida, sim, vida. Viver exige coragem, como já dizia Guimarães Rosa. Aliás, não resisto. Aí vai um trecho desse escritor incrível que, em poucas palavras, nos dá uma grande lição:

"O correr da vida embrulha tudo. A vida é assim: esquenta e esfria, aperta e daí afrouxa, sossega e depois desinquieta. O que ela quer da gente é coragem."

É simples assim, gente. É a vida! Nós é que complicamos as coisas. Não precisamos passar o tempo todo procurando um bode expiatório; não temos que nos culpar sempre pelo que dá errado. As coisas dão errado, sabia? A gente pode até não querer, mas quem disse que os fatos obedecem à nossa vontade?

Gente, que história é essa de estar doente e ficar se culpando? Vamos acabar com isso! É lamentável ouvir pessoas dizendo: "Nossa, o que fulano fez para merecer essa doença?", "Sicrano parecia uma pessoa do bem... Por que está recebendo esse castigo?". Esses pensamentos são tão absurdos que às vezes chegam a criar um constrangimento com relação ao assunto. Aí, exatamente num momento em que precisamos desabafar com alguém, nos sentimos acuados diante das pessoas à nossa volta.

Aconteceu algumas vezes comigo. Na rua, encontrava alguém que perguntava por onde eu andava, e eu, sem rodeio, explicava que estava me tratando, que o câncer havia aparecido de novo e que por isso estava afastada do trabalho. Na sequência vinha a fala da outra pessoa acompanhada de uma cara de espanto: "Nossa, o que você fez para passar por isso de novo?"

Eu me sentia como se tivesse que pedir desculpas ao mundo por estar doente. O que eu fiz? Como assim? Deveria sentir vergonha por estar doente mais uma vez? Tenho certeza de que quem pergunta uma coisa dessas não faz por maldade e, sim, por falta de informação.

Não, não e não! Não existe nenhum culpado. Existe o percurso da vida, o correr do rio que pode nos apresentar obstáculos. Aliás, agora, enquanto escrevo, acabo de me lembrar de mais um texto de Silvana Duboc. Separei uns versos do seu poema chamado "Navegue":

As lágrimas?

Não as seque, elas precisam correr na minha,
na sua, em todas as faces.

O sorriso!

Esse você deve segurar, não deixe-o ir embora, agarre-o!

....

Não importa se a estação do ano muda,

se o século vira,
se o milênio é outro, se a idade aumenta;
conserve a vontade de viver,
não se chega à parte alguma sem ela,
....

Dê um sorriso

para quem esqueceu como se faz isso.
....

Abasteça seu coração de fé,

não a perca nunca.
....
Alague

seu coração de esperanças.

Depois dessa, acho que não preciso dizer mais nada, né?

Julia, sinónimo de amor

"Eu tenho tanto pra lhe falar
Mas com palavras não sei dizer
Como é grande o meu amor por você
E não há nada pra comparar
Para poder lhe explicar
Como é grande o meu amor por você."
Roberto Carlos

Como disse antes, a Srta. Julia Naspolini Thomé Torres merece um capítulo só dela. Com a graça de Deus, esta menina que apresento a ti é minha filha. Como é bom chamar a Julia de filha! Algumas vezes filhota, amor da minha vida, menina mais linda do mundo, meu brigadeirinho branco, meu docinho de coco... e vários outros apelidos que só mãe mesmo pra inventar! Que tal: "Te amo, Bob filha!" Lembraram do desenho animado dos anos 1970 que mostrava dois cachorrinhos, o pai e o filho muito parceiros? No nosso caso, adaptei pra mãe e filha, e a Julia entrou na onda! Adoramos os apelidos quando estamos em casa, porque alguns deles, quando falo na rua, deixam a Julinha emburrada comigo. Quando estamos só nós duas, ou com a família por perto, tudo bem, mas na frente de outras pessoas... Aí tenho que me controlar! O problema é que eu não resisto, acabo sempre usando um deles! Para mim, chamar alguém pelo apelido é demonstrar carinho, afeto. Se já tenho essa mania com todo mundo, imagina então com a minha menina? O meu preferido, ela sabe bem qual é, e Julia, me desculpe, mas eu vou contar: é CUTINHA! Desde bebezinha chamo ela assim e lanço aqui um desafio: duvido que exista outro ser vivo no mundo com esse apelido. Essa palavra não aparece em nenhum dicionário; o único significado dela, para nós duas, é amor! Puro, sincero, eterno e incondicional amor!

Pois bem, pense numa criança doce, companheira, amável, carinhosa, parceira de todas as horas, sensível... Assim é a Julinha, e eu sou a mãe mais babona do planeta, ou será do universo? Com o passar do tempo, a vida veio acrescentar outro adjetivo à minha filha: madura. Sim, a Julia tem uma maturidade que falta em muitos adultos por aí. Eu me surpreendo com a força dessa menina, com a força que ela me dá para seguirmos nossa caminhada juntas, uma ao lado da outra. Se aparece uma pedra no nosso caminho, você acha que a Julia vai perder tempo se lamentando? Claro que não! Ela me olha com aqueles olhinhos de mel e diz: "Mãe, vamos contornar a pedra, e, se não tiver jeito, vamos tirá-la do caminho." E ela sempre tira mesmo!

Lembra que eu contei que assim que descobri o câncer de mama em 2016 eu estava desesperada, porque tinha que pegar a Julia na escola e dar a notícia a ela? Da escola fomos pra casa da Juliana Carnaval, que também é minha irmãzinha carioca e mãe da Maria Clara, uma das melhores amigas da Julinha. Fui pra lá porque precisava ter gente por perto. Como é importante termos esses pontos de apoio, como é importante não ter vergonha de pedir ajuda... Peçam sempre e em qualquer situação! O amigo de verdade vai aparecer rápido, e aqueles que sumirem só vão te mostrar que não deves perder tempo com eles. Bom, contei pra Julinha sobre a ida à São Paulo, disse que teria que operar a mama de novo, que ficaria tudo bem, mas que ela teria que ir comigo e faltar aula por alguns dias. Ela me abraçou, perguntou se eu ficaria bem, pensou um pouco, fez eu prometer que explicaria para as professoras a ausência dela e completou: "Que bom, vou ficar uns dias com os meus primos!" Ela é assim!

É difícil ver a Julinha reclamar de alguma coisa. Em todas as vezes que ela me acompanhou quando eu estava doente — depois que ela nasceu, tive três episódios de câncer —, nunca ouvi a Julia dizer: "Por que com a minha mãe? Por que eu tenho que passar por isso?" N-U-N-C-A!!!! Nesta última vez em 2016, também tive que me afastar do trabalho pra fazer o tratamento. Ela viu que fiquei triste por causa disso e pra me animar falou toda contente: "Mãe, olha que bom, vamos ficar mais tempo juntas, você vai poder me levar pra escola, pensa no lado bom!" Nem preciso dizer que a agarrei bem apertado e dei muitos beijos naquelas bochechas rosadas.

Depois da cirurgia pra tirar o nódulo voltei para o Rio, mas o tratamento seria em São Paulo, então de quinze em quinze dias teria que viajar pra fazer a quimioterapia. Aos 10 anos de idade, era a Julinha que ficava em casa me esperando e, quando eu chegava, vinha ao meu encontro gritando "mamãe!" e me dava um abraço tão gostoso e tão mágico que fazia os problemas ficarem do tamanho de um grão de areia. Aquilo ali era a vida que valia a pena, e pra ganhar muitos abraços como este, pra poder sempre voltar pra casa é que eu ia continuar na luta, comer muito brócolis e couve (é bom pra não ficar anêmica) e levar várias agulhadas até acharem a minha veia. E tudo isso não me achando uma coitadinha, mas, pelo contrário, me sentindo forte e decidida a enfrentar o que viesse pela frente.

No caso da quimioterapia, eu e ela escolhemos pensar: "Bem-vinda, quimioterapia que vai me curar e permitir que eu cuide por muitos anos dessa minha menina." Aqui também tenho que falar da Bette Luchese, uma amiga com A maiúsculo que eu admiro demais e que está sempre pronta pra me ajudar. Ela é quietinha, mas muito certeira, e sabe a hora certinha de chegar e dizer: "Tô aqui amiga!" Na véspera da minha primeira sessão de quimio ela veio aqui em casa e disse: "Su, olha para o remédio entrando na sua veia e agradece a Deus por existir tratamento." Ouvir ela dizer isso me deu uma sacudida das boas, e me lembrou daquele velho ditado que diz que devemos olhar para o copo com água e achar não que está meio vazio, mas sim que está meio cheio. E a Julia é exatamente dessas, ela sempre prefere olhar o copo quase cheio.

Quando quebra um objeto em casa, por exemplo, ela simplesmente olha para ele, quebrado no chão, e diz: "O que vamos fazer? Se a gente colar assim e assado dá para fazer outra coisa." Lembro sempre que, quando algum brinquedo dela estragava, eu ficava em pânico achando que ela ia abrir um bocão, chorar sem parar, mas nada: o bocão nunca veio. Ela mesma dava um jeito de usar o brinquedo de outra forma, ou simplesmente jogava fora e seguia em frente. O que não significa que ela não sofra. Pelo contrário, a sensibilidade dela é que permite que dê aos problemas a dimensão que eles realmente têm, sem aumentar ainda mais a dificuldade.

Muito determinada e teimosa também. Uma vez, fomos a um parque de diversões, num brinquedo chamado Jurassic Park. Várias pessoas entram num barquinho que despenca por uma rampa enorme e, quando finalmente acaba o seu percurso, levanta um monte de água em todo mundo. A maioria das pessoas vai inclusive com capa de chuva. Estava frio pra caramba — o termômetro marcava uns dez graus — e a Julia queria porque queria ir no tal brinquedo. Pediu, pediu e, como eu também adoro essas quedas malucas, acabamos indo e, para nossa sorte, não nos molhamos. Sentamos num lugar privilegiado no barco e tinha um senhor na nossa frente que acabou levando toda a água. Foi muito divertido e saímos dali felizes da vida. Mas quem disse que a minha filha se contentou? "Mãe, só mais uma vez!" E lá fomos nós, de novo, e aí já caíram uns respingos na gente. Eba, que tal mais uma vez, mãe? Entramos na fila e fomos. Para resumir, fomos cinco vezes e, lógico, na quinta e, claro, última, levamos um banho, um senhor banho. Era tanta água na nossa cara que a minha maquiagem quase chegou nos pés; parecia que eu tinha levado um soco na cara, que ficou toda preta do rímel, fui quase confundida com o boneco assassino! A gente não sabia se ria ou se chorava... As duas encharcadas e tremendo de frio. Fiquei muito brava com ela e principalmente comigo mesma por ter cedido tantas vezes. Tivemos que comprar roupas novas ali mesmo no parque para não congelar e gastamos uma boa grana, dinheiro aliás que fez falta depois pra comprar o que queríamos. Nossa teimosia custou caro! Por que fomos de novo e de novo, filha? Por que não paramos enquanto estávamos sequinhas? Resposta da Julia: "É, mãe, tenho que aprender a ver os sinais." Até hoje, damos muitas gargalhadas nos lembrando desse dia, nos lembrando das nossas caras saindo do brinquedo, parecendo dois pintos molhados!

Ela é taurina e quem acredita em signo vai logo dizer que essa é a razão dela ser tão cheia de argumentos. Sério! Às vezes ela começa pedindo uma coisa para mim e eu logo penso: *Imagina se vou deixar!* Mas aí a fábrica de argumentos entra em ação. Ela não grita, não dá piti, não faz birra. Simplesmente vai contrapondo tudo o que eu alego e, quando me dou conta, já estou tão cansada de tanta conversa que acabo dizendo: "Tá bom, filha, pode fazer desse jeito"; "Tá bom, filha, eu deixo você ir a tal lugar"… e assim vai. Ah, essa Julinha! Mas tem um detalhe importante: ela tem feito por merecer. Nunca me arrependi de ter cedido aos argumentos dessa pirralhinha. Aliás, teve uma vez, sim… Agora me lembrei!

Ela estava com 9 anos e uma amiga foi comemorar o aniversário na serra fluminense. Seriam umas quatro meninas. Quando ela me perguntou se poderia ir a essa festa, a minha primeira reação foi dizer que não. A Julia passou quase um mês falando da festa todos os dias, falando dos preparativos, de como seria bacana, que quando a gente se reencontrasse estaríamos morrendo de saudades uma da outra, que ela me ligaria todos os dias e me atenderia rápido quando eu ligasse, e que com certeza usaria protetor solar. Pois bem, como conheço demais a família da amiguinha dela e gosto de todos, resolvi ceder aos apelos. A Julia, feliz da vida, se achando independente, foi com a turma. No domingo, quando ela chegou em casa, foi como se um tomate ambulante tivesse entrado pela nossa porta. Ela estava tão, mas tão, mas tão vermelha que eu não sabia nem o que fazer. Era um vermelhão torrado, como se tivesse ficado assando numa churrasqueira. O "oi, mamãe" dela já foi naquele tom de quem sabe que não fez o que devia. Aquela pele branquinha de porcelana tinha sido assada. Fiquei desesperada. Era evidente que o protetor solar tinha passado o fim de semana todo na mochila. Não fez sol na serra, só um mormaço, e, por isso, ninguém se preocupou com o protetor. No dia seguinte, levei a minha filhota à Bianca, nossa dermatologista, e adivinhe... Ela estava com queimaduras de segundo grau pelo corpo e, o que era ainda pior, no rosto todo. Eu ficava olhando a Julia dormir à noite e chorava. Como chorei naqueles dias... De pena dela, mas também de culpa. Não deveria ter deixado ela ir, não deveria ter cedido. E sabe o que acabou amenizando essa culpa com o passar do tempo? O próprio comportamento da Julia. Desde então, ela cuida muito bem da pele e sempre passa muito protetor no rosto. Nunca mais se queimou! Outro dia ela me disse: "Viu, mãe, se eu não tivesse levado aquele susto com a queimadura da serra, hoje eu não me cuidaria tanto e talvez acabasse passando por uma queimadura pior ainda. Viu, serviu pra alguma coisa."

O modo como a Julia encara o mundo não permite que nada seja dominado pela tristeza. Ela me faz olhar para a frente e ter sempre esperança de que dias melhores virão. Às vezes, parece até que invertemos os papéis: ela é a mãe e eu, a filha. Como aprendo com essa minha Cutinha.

Em 2014 viria a pior das notícias. Naquele ano, a Julia, como vocês viram, teve que se despedir muito cedo do pai. Quando o Maurício morreu, ela tinha acabado de fazer 8 anos. Durante o tempo em que ele ficou internado no hospital em São Paulo, ela ficou no Rio, com a minha mãe e com a Helena, que, como contei, trabalha há anos aqui com a gente e a gente chama de "vó carioca" da Julia. Nos fins de semana, ela ia para São Paulo visitar o papai e bastava a nossa filhota entrar no quarto para o sorriso do Maurício se iluminar. Ela dava chocolate para ele, os dois brincavam juntos, desenhavam, e ela nunca ficou lá chorando ao lado do pai, reclamando daquela situação tão dura ou cobrando que ele voltasse para casa. Quando se despediam, ela lhe dava muitos beijos e dizia que no outro fim de semana estaria de volta. Na última visita que lhe fez, deixou com ele um casaquinho bege que ela guarda até hoje apesar de não servir mais. E disse: "Papai, é para você sentir o meu cheirinho, como se eu estivesse aqui com você." Depois daquela noite, a Julinha nunca mais veria o pai com vida.

No dia 31 de maio de 2014, cheguei em casa com a minha irmã e com a minha mãe. Estávamos voltando do hospital. Era quase meia-noite e eu teria que dizer para a minha filha, para a minha pequena filha, que o pai dela, o homem que ela tanto amava, tinha partido. Ela estava me esperando acordada junto com os primos, Felipe e Sofia. Antes de entrar, rezei e pedi que Deus colocasse na minha boca as palavras certas; pedi que Ele segurasse a Julia no colo. Entramos no apartamento. O meu coração batia acelerado. Antes mesmo de eu sentar no sofá onde eles estavam — a porta ainda não havia nem sido trancada —, a voz da Julia ecoou pela sala: "Como está o papai?" Meu Deus! Ela perguntou assim de cara; não me deu nem tempo de respirar antes; já tenho que dar a notícia mais triste das nossas vidas? Me dê força, Senhor, força. Sentei com ela no sofá, os primos ao seu lado, prestando a maior atenção, e eu disse: "Filhota, o Jesus levou o papai." Foi só o que eu consegui dizer! Não poderia usar a palavra "morreu" porque ela era muito pequena, meu Deus! Eu não usei, mas a Julia com a sua capacidade de compreender tudo o tempo todo, disse: "Ele morreu? O papai morreu?" Dei um abraço muito apertado nela e disse o que eu não queria: "Sim, filhota, ele morreu. Está descansando agora!" Os primos começaram a chorar muito. O Felipe, que na época tinha 10 anos, era afilhado do Má e ficou desesperado. A Julinha chorou, chorou, chorou muito, copiosamente, até que acabou pegando no sono ali mesmo no sofá. Ela ouviu a notícia, recebeu a pior cacetada da vida dela, sofreu demais essa pequena, mas reagiu como um ser humano resignado. Agiu mais uma vez me dando uma lição de vida. Diante daquela menina que sofria uma dor quase insuportável, mas conseguia manter o coração aberto, sem revolta ou raiva, eu não poderia fraquejar, não tinha esse direito. Que dia triste, que noite aterrorizante... Mas um momento que poderia ter sido milhões de vezes pior se a Julia não fosse quem ela é.

Foi ela que decidiu ir ao velório do pai usando a camisa do Botafogo, time do coração dele, e fez questão de rezar uma oração em voz alta na celebração de corpo presente. Exatamente isso. O padre Manangão, da Igreja de Santa Margarida Maria, na Lagoa — que hoje é um grande amigo nosso —, chegou ao velório e estávamos decidindo quem iria fazer as leituras. Para nossa surpresa, ela se ofereceu. Todos se entreolharam espantados; nós ficamos de olhos arregalados, mas ela manteve a decisão: "Quero fazer uma oração!" Claro que deixamos e foi emocionante. Ela também pediu para rezar lá no altar na missa de sétimo dia. Diante de uma igreja lotada, repleta de muitos amigos, essa menina de 8 anos subiu aqueles degraus e homenageou o pai dela. Está aí uma criança decidida e corajosa!

Essa guriazinha (também chamo ela assim) teria todas as desculpas do mundo para ser uma menina revoltada, amarga, sem brilho nos olhos, mas, de uma maneira só dela, sempre consegue explicar o que parece inexplicável. Ela não se apoia nas desculpas, nas justificativas. Ela não usa bengalas para driblar as obrigações que o dia a dia nos impõe.

Aliás, acredito que as crianças em geral, se dermos espaço pra elas, se olharmos de fato para o que elas têm a nos dizer, sempre vão nos ajudar a enxergar o mundo por um ângulo diferente. Tenho que admitir que a Julia me ajuda a ser uma pessoa menos "nhe-nhe-nhem" quando alguma coisa não sai como eu quero e acabo levando o problema agarrado comigo pra casa. Se você é desses também, então chega, né?! Ficar ruminando uma situação ruim só faz o problema aumentar e ainda atrai outros. Pensa comigo: você chega em casa mal-humorada porque discutiu no serviço; aí trata as pessoas sem gentileza porque discutiu no serviço; aí deixa de sair com um amigo porque está chateada por causa de uma discussão no serviço, e assim por diante... O problema vira desculpa pra tudo! Melhor parar com isso, não acha? Esse comportamento chega a ser burrice da gente. A nossa vida não é um problema, pelo contrário, estamos vivos para conseguir resolver seja lá o que aparecer. A vida é muito maior. Temos que crescer e aprender a separar as coisas. Claro que isso depende de esforço. Não é mágica; é prática, é querer. Certo, Julinha?

    A Julia e eu também temos uma importante aliada diante de todos os apertos: a escola! Desde o primeiro ano, ela estuda na Escola Nova e nem pensa em sair de lá. E é bem fácil entender esse amor pelo colégio! Durante os meus tratamentos de saúde, os professores foram verdadeiros amigos da gente. Conseguiram nos passar a tranquilidade de que tanto precisávamos naqueles dias. Sempre que a Julia precisou se afastar pra me acompanhar em São Paulo, os professores passaram do horário ou ficaram com ela no recreio explicando com toda paciência as matérias que ela tinha perdido.

    A diretora Vera Affonseca, a Verinha, sabe muito bem que, num colégio, não se ensina apenas o resultado de uma equação matemática. É preciso ensinar também como resolver as equações da vida, que vão se apresentando pra gente de uma hora pra outra. Naqueles momentos tão confusos, souberam ensinar para a Julinha o sentido das palavras "amizade", "solidariedade", "carinho", "parceria", "compaixão". Na missa do Maurício, os amiguinhos compareceram em peso. Foi uma cena que até hoje me emociona: no banco da igreja, a pequena Julia e toda uma turma de amigos, tão pequenos quanto ela. Todos juntos naquele momento de dor.

    Isso, gente, é uma coisa que não tem nada a ver com ser escola particular ou pública; tem a ver com pessoas que tenham o verdadeiro dom para o ensino, a verdadeira vontade de formar cidadãos. Por isso, se estiveres passando por algum problema em casa, deves, SIM, envolver a escola do teu filho na história, pedir ajuda, já disse e defendo isso, não é vergonha! O colégio, seja ele qual for, deve ser nosso parceiro, nem que seja para nos dar um abraço e dizer: "Estamos aqui, torcendo por vocês, contem com a gente."

Com tudo isso que tenho vivido, ou melhor, que nós duas temos vivido, tenho a cada dia mais convicção de que as crianças são mais sábias e mais fortes do que imaginamos. Quem faz o drama diante de determinadas situações é o adulto. Você sempre pode contar com uma criança, ela jamais vai deixá-lo na mão, e fale sempre tudo para ela. Os nossos filhos, os nossos amores não merecem ser tratados com informações distorcidas. Eles merecem o nosso respeito.

Acho mesmo que nunca devemos esconder a verdade de uma criança. Claro que devemos usar termos, palavras adequadas, mas estou convencida de que devemos sempre compartilhar com os nossos filhos e filhas o que quer que esteja acontecendo. Eles fazem parte da nossa vida, do nosso dia a dia, da nossa história, aliás, são protagonistas da nossa história e por isso nunca devem ocupar o papel de coadjuvantes. Se você está desempregado, doente, com algum problema, conte para o seu filho. Nas ocasiões em que descobri o câncer, sempre contei para a Julia. Nunca cheguei e disse "filha, estou com câncer", até porque ela não entenderia. Procurei explicar o que iria acontecer: "Vou ter que fazer uma cirurgia; a mamãe está com um probleminha na mama; o médico tem que ver direitinho para poder tirar ele fora e eu ficar boa. Aí, para garantir, vou tomar uns remédios que vão nos dar a certeza de que o problema foi embora." Mais ou menos por aí.

Na época, em 2011, quando ela tinha 4 anos, fiquei na maior dúvida sem saber se contava ou não, já que a nossa tendência é querer proteger os filhos de qualquer sofrimento. Mas, se não tivesse contado, como seria quando eu voltasse para casa, cheia de drenos? Aí, sim, ela ia ficar assustada e, com certeza, se sentiria deixada de lado por eu não ter falado nada para ela. Então decidi sempre me abrir e nunca me arrependi. Continuo achando que é sempre a melhor solução. E não é só isso: podes acreditar que, diante de qualquer pepino da vida, o abraço, o sorriso, o cheirinho de um filho perto da gente não têm preço, ajudam tanto quanto os remédios.

Pra terminar esse capítulo, senão fico aqui até amanhã falando sobre essa menina, quero aproveitar e deixar registrado, para que um dia a Julia possa mostrar aos netos, o que sempre digo a ela: todos os dias, cada minutinho que passamos juntas, fazem de mim a mulher mais feliz e grata do mundo! Cair contigo ao meu lado só me dá mais energia pra tentar levantar o mais rápido possível. E olha, mesmo quando não estamos perto uma da outra, saber que estamos unidas pelo coração e pelo pensamento me enche de orgulho de ti. O teu sorriso, minha filha, me acompanha onde quer que eu esteja.

Nas sessões de químio eu sempre levava comigo uma roupinha da Julia e ficava agarrada com ela o tempo todo, assim conseguia enxergar uma razão em cada dor de cabeça, em cada enjoo que aparecia. Eu estava ali pra poder voltar pra minha filha. E graças a Deus eu sempre volto, né, meu amor?!

Minha filhota, meu anjo, tenho muito o que aprender contigo nesta vida (todos nós temos muito o que aprender com nossos filhos)! Quem é mãe vai me entender: o amor que sinto por ti é tanto, mas tanto, que chega a doer! Obrigada, minha Cutinha; obrigada, obrigada, mil vezes obrigada por tudo!

Ah, não posso deixar de compartilhar com vocês este jogo de palavras que fiz quando essa pequena nasceu e hoje está num quadro no quarto da minha JULIA. Vê se eu não tenho razão:

Joia
Unica
Linda
Insubstituível
Amor da vida da mamãe!

TE AMO, meu amor!

Último raio

> "Ando devagar
> Porque já tive pressa
> E levo esse sorriso
> Porque já chorei demais..."
> Almir Sater

Abril de 2016. Além da roupa da Julinha, levava comigo para as sessões de quimioterapia em São Paulo uma pilha de santinhos: Nossa Senhora Aparecida, Nossa Senhora das Graças, Santa Rita de Cássia e o Guido Shaffer. Eram meus grandes companheiros e claro que não poderiam faltar. Eu entrava no quarto onde sempre tinha outra pessoa fazendo aplicação, "olá, bom dia", e a primeira coisa que fazia era colocar tudo em cima da cama.

Conversava com os meus amigos, meus santinhos que nunca me abandonam, e dizia: "Vai começar mais uma, ou será menos uma? Cuidem de mim, não me deixem ficar enjoada, nem com dor de cabeça, e que a minha veia aguente mais essa." É que tenho as veias péssimas, ou melhor, elas são verdadeiras guerreiras. Sempre suportaram, desde o primeiro tratamento em 1991, centenas de agulhadas, e hoje, uns bons anos depois, algumas começaram a reclamar. Para conseguir uma mísera veinha já tive que levar sete picadas, por isso esse pedido estava nas minhas orações. Eu terminava dizendo: "Hoje no fim do dia quero estar voltando para o Rio, voltando para casa." Só para te refrescar a memória, seriam oito sessões ao todo, de quinze em quinze dias, para lutar contra o câncer de mama que tinha aparecido de novo.

Depois de uns minutinhos a porta se abria e entrava a enfermeira toda animada para me colocar a tal da touca hipotérmica, popularmente conhecida como touca gelada. É, gente, durante todo o tratamento usei essa touca, que para mim foi uma espécie de tortura consentida. A única função dela (e muito bem-vinda) é evitar que o cabelo caia por causa da químio, e, como já havia ficado careca uma vez (em 1991), eu não estava muito a fim de repetir a dose e decidi usar a touca (não vou mostrar minha foto com ela nãooooooo! Eu ficava muito feiosa).

O paciente fica com ela antes, durante e depois da sessão. A touca é de plástico e recheada com um gel térmico que atinge 20 graus negativos. É MUITO, MUITO GELADA MESMO, e é justamente isso que impede os fios de caírem! Por conta da baixa temperatura, os vasos sanguíneos se contraem e o fluxo do sangue diminui no local, ou seja, o quimioterápico não chega aos vasos capilares. Resultado: em muitos casos o cabelo não cai. É como se congelasse a raiz do cabelo. O único detalhe é que tudo isso acontece na tua cabeça, no teu cocoroco! Por muitas vezes quase arranquei aquela coisa e gritei que não a usaria mais, até porque tem gente que mesmo usando fica careca. Será que ia dar certo? Será que valia o sacrifício? Poxa, mas quando o tratamento acabasse eu queria voltar logo para o trabalho, e trabalhar de peruca debaixo do sol não era uma boa ideia. "Resista, Susana, é por uma boa causa!" Ficava tentando fixar o pensamento nisso.

Quando a touca era colocada em mim, a sensação nos primeiros quinze minutos era de que tinham umas vinte facas entrando na minha cabeça, doía muito. Sentia como se fosse uma super, hiperenxaqueca! Depois, acho que o couro cabeludo ficava meio dormente, a dor passava e ficava só o incômodo.

Pois bem, tinha que aguentar a touca durante toda a sessão e, quando a medicação acabava, tinha que manter aquele capacete mais uma hora na cabeça, ou seja, no total eram pelo menos oito horas com aquele saco de gelo encaixado em mim. Nossa, como eu tremia. Parecia vara verde. Era de bater queixo mesmo. Minha mãe — sempre ela cuidando de mim — levava para as sessões luva, três pares de meia, blusa de lã, casaco, e me ajudava a colocar. Mesmo com tudo isso, quando eu percebia já estava com pelo menos três cobertores em cima do meu corpo e, adivinha, continuava tremendo!

Ah, e ainda tinha a orientação da enfermeira: em casa, era para lavar o cabelo só com água gelada, nem morninha podia! Vem cá, ela sabia que não era mais verão? Gente, eu só tomo banho com água pelando, saio toda vermelha de tanto que gosto da água quente. Eu tomando banho frio era a cena mais patética do mundo. Levava umas duas horas, já que entrava e saía do chuveiro o tempo todo.

Quando o relógio mostrava que já eram quase cinco da tarde e que eu poderia tirar a touca, nossa, era um dos momentos mais felizes do mundo. Que alívio e que orgulho que dava de mim mesma, afinal era uma sessão de químio vencida e mais uma vitória sobre a touca. Saía do hospital pensando: *eu consegui!*

Foi sofrido? Foi. Foi dolorido? Foi. Mas, acima de tudo, foi uma escolha! De novo as escolhas... Eu não queria ficar careca mais uma vez, eu queria voltar às reportagens logo, então a saída foi encarar a touca de esquimó. Troquei a peruca de cabelo pela peruca de gelo. E não é que valeu a pena? Quando a quimioterapia acabou, cinco meses depois, lá estava eu com os meus cabelinhos, ralos como sempre, mas por razões genéticas e não por causa dos remédios. Viva a touca gelada! Mais uma vez constatei na marra que tudo passa nessa vida, "depois da tempestade sempre vem a calmaria".

Graças a Deus o tratamento correu muito bem. Meus irmãos vinham sempre nos visitar, e meus pais passaram uma temporada aqui no Rio comigo e com a Julia (sempre eles me salvando) e só voltaram para Santa Catarina quando a químio terminou. Eles foram para o Sul e eu voltei ao trabalho. Foi um dia maravilhoso!

Mas meus amigos da TV e de fora dela conseguiram deixar aquela segunda-feira muito mais especial. Fizeram uma baita homenagem para mim na redação (tinha até bolo) e também ao vivo, no jornal do meio-dia. Foi EMOCIONANTE, um gesto de generosidade que jamais vou esquecer! Obrigada, Miguel Athayde (na época chefe da editoria Rio), e obrigada, Patrícia Andrade, nossa chefe de reportagem, por terem permitido que eu fosse tão paparicada.

Hoje sigo a vida, mas, assim que o tratamento terminou, senti muito, muito medo. Maluco isso, né? A químio termina e aí vem o meu pavor! Foi muito engraçado o que aconteceu comigo, mas agora consigo entender melhor... Eu queria tanto, mas tanto retomar a minha vida, o meu dia a dia com a minha filhota, o meu trabalho, que, quando foi chegando a hora, senti um pânico que não sei nem descrever.

Não sei se consigo te explicar, eu estava com medo de voltar às minhas atividades e abrir espaço para que a doença aparecesse novamente, afinal ela sempre chegou quando eu estava vivendo momentos felizes. Será? Será que ela vai me visitar mais uma vez? Será que depois de quatro diagnósticos de câncer terei um quinto? Não sei e ninguém sabe. Nenhum de nós tem controle sobre a vida.

O certo é que estou aqui para o que der e vier, vou viver o que eu tiver que viver, vou sonhar o que eu tiver que sonhar e vou realizar tudo que for possível. Hoje, mais do que nunca, carrego comigo desde a hora que levanto até a hora que vou dormir uma palavrinha mágica que ganhou lugar cativo no meu coração...

Gratidão

"Eu nada seria, meu Deus, não seria absolutamente nada se tu não estivesses em mim."
Santo Agostinho

Sem qualquer exagero, sem qualquer dúvida, sem qualquer demagogia, tenho apenas um sentimento dentro de mim quando olho para trás: gratidão! Uma imensa e profunda gratidão!

Quem diria, mas hoje sou muito, muito grata por tudo que me aconteceu. Parece loucura, eu sei, claro que nunca quis ficar doente, mas aos 46 anos consigo agradecer por tudo que resultou de momentos tão difíceis.

Obrigada, meu Deus, por todos os diagnósticos. Gente, presta atenção, descobrir o câncer sempre foi o primeiro passo para que eu pudesse tratar a minha saúde. Sem o diagnóstico, nem eu nem ninguém corre atrás do tratamento e da cura.

Obrigada também pelo pavor que senti toda vez que chegou o resultado de um exame. Foi esse medo e esse pavor que me impulsionaram a agir o mais rápido possível, não dando brecha para que a doença avançasse ainda mais. Os socos no estômago que recebi quando vi a minha vida em risco só me fizeram apressar o passo, lutar com mais força e multiplicar a minha fé.

Obrigada pelo carinho que recebi de tantas pessoas, assim, de graça, sem que ninguém me pedisse nada em troca. Como me emocionei ao abrir as redes sociais e dar de cara com textos escritos por gente que eu nem mesmo conheço, mas que se deu o trabalho de me mandar, em forma de mensagem, o ânimo e a força de que eu estava precisando. Sou grata pelas correntes de orações que me mantiveram de pé. E a tantas pessoas que, de um jeito ou de outro, passaram pelo meu caminho deixando um rastro de gentileza, amizade, otimismo e amor. Um abraço apertado no meio da rua, um sorriso confiante de alguém que nunca me foi apresentado, mas que estava torcendo por mim de verdade. Como agradeço por tantas demonstrações de afeto e por todos esses gestos de generosidade... Eles fizeram toda a diferença e me trouxeram até o dia de hoje.

Obrigada, porque, por causa da doença, pude confirmar o que meus pais já haviam me ensinado: o que realmente importa nesta vida é a relação que temos com cada pessoa, é isso que nos põe de pé nas horas de dificuldade. A presença do outro, o amor do outro, a sua acolhida, a sua doação, ou um simples "liguei para saber como você está...", tudo isso é o que nos dá a certeza de que este mundo vale a pena.

Obrigada pelo tempo a mais, um tempo precioso, passado junto com a minha família. Cada um mora num canto, num estado, e, diante dos problemas que iam surgindo, eles sempre se apresentavam imediatamente; um por um, iam chegando e trazendo esperança para o meu coração. Apareciam sem pestanejar, como se Santa Catarina e São Paulo, onde moram, fossem bairros vizinhos ao meu aqui no Rio. Pai, mãe, vocês são demais! Ah, como vimos filmes e comemos pipoca juntos... e, apesar de tudo, foi muito bom!

Obrigada, meu Deus, pelo cheirinho da minha filha todos os dias comigo, mesmo naqueles piores, em que levantar da cama foi quase um desafio olímpico. Obrigada por eu ter conseguido transformar o peso de um tratamento em momentos de carinho com a

Julinha. A alegria, o olhar, a mãozinha dela sempre pertinho de mim foram medicamentos insubstituíveis.

E principalmente obrigada, obrigada, mil vezes obrigada, a Ti, meu Deus, pela minha vida, do jeitinho que ela é. Fácil às vezes, difícil em outras, alegre, mas com algumas pitadas de tristeza, leve em alguns momentos, pesada em outros, como é a vida de todo mundo, de qualquer pessoa que esteja viva.

Obrigada pelo aprendizado que o dia a dia nos oferece e obrigada por poder estar aqui compartilhando tudo isso com o leitor. Relutei muito em pôr essa história no papel, afinal, por que minha vida poderia interessar aos outros? Mas agradeço por ter vencido a insegurança e tido a cara de pau de escrever. Afinal, a vida de qualquer um de nós dá um livro, certo? E o mais importante: se contando a minha história eu conseguir ajudar uma pessoa que seja, já terá valido a pena.

A ti, meu amigo leitor — acho que depois desses capítulos todos posso chamá-lo assim —, muito, muito obrigada pela paciência e por ter permanecido aqui, comigo, até esta última página.

Lembre-se, tu escolheste ler este livro assim como escolhes tantas outras coisas para a tua vida o tempo todo, todo o tempo. Posso te pedir uma última coisa? Escolha ser feliz, sempre!

Beijo enorme e MUITO OBRIGADA!

Caderno de fotos

Sempre rindo, mesmo banguela (eu com um aninho).

Minha Cutinha bailarina!

como é grande meu amor por você!

Viagem a Foz do Iguaçu (2018).

Essa não precisa de legenda! #saudades

Repara no sorriso do Maurício! Os dois apaixonados! Foto num restaurante em 2011.

Noite mágica!

Casamento em Criciúma (2001).

Viagem com Julinha (dezembro de 2017). Não consigo desgrudar!

Com ela tudo vira festa! (2017)

Que frio! Tamo junto!
(2017)

Meu AMOR, simples assim!

Esse titio Samuka é tudo de bom!

Mana: melhor irmã impossível!!!

Samuka, Gabi e Paulinha: trio fantástico!

Os três primos sempre juntos! Julia, Sofia e Felipe.

Trio mais amado do planeta, agora com uns aninhos a mais!

Helena (nossa DADÁ), "avó" carioca da Julinha.

Neta apaixonada pelos avós. Muito chamego!

Minha mãe, meu anjo!

Meus amores: paizão, mãezona e tia Rosinha.

Marília: Minha amiga mais louca e tão amada!

Dra. Nise Yamaguchi, oncologista. #gratidão

Verinha: grande educadora e amiga!

Equipe do "RJ Móvel": Anderson Nunes, Flávio Velhão e Diógenes Melquíades, meus doidos favoritos!

Flavinha: quem tem amigos encontrou um tesouro!

Patrícia Andrade. Chefe nota mil! Querida demais!!!

Eduardo Tchao: amigo sem pedir nada em troca!

Te apresento a minha pochete!

A comilança de cada dia!!!

Sorrir é bem melhor que chorar.

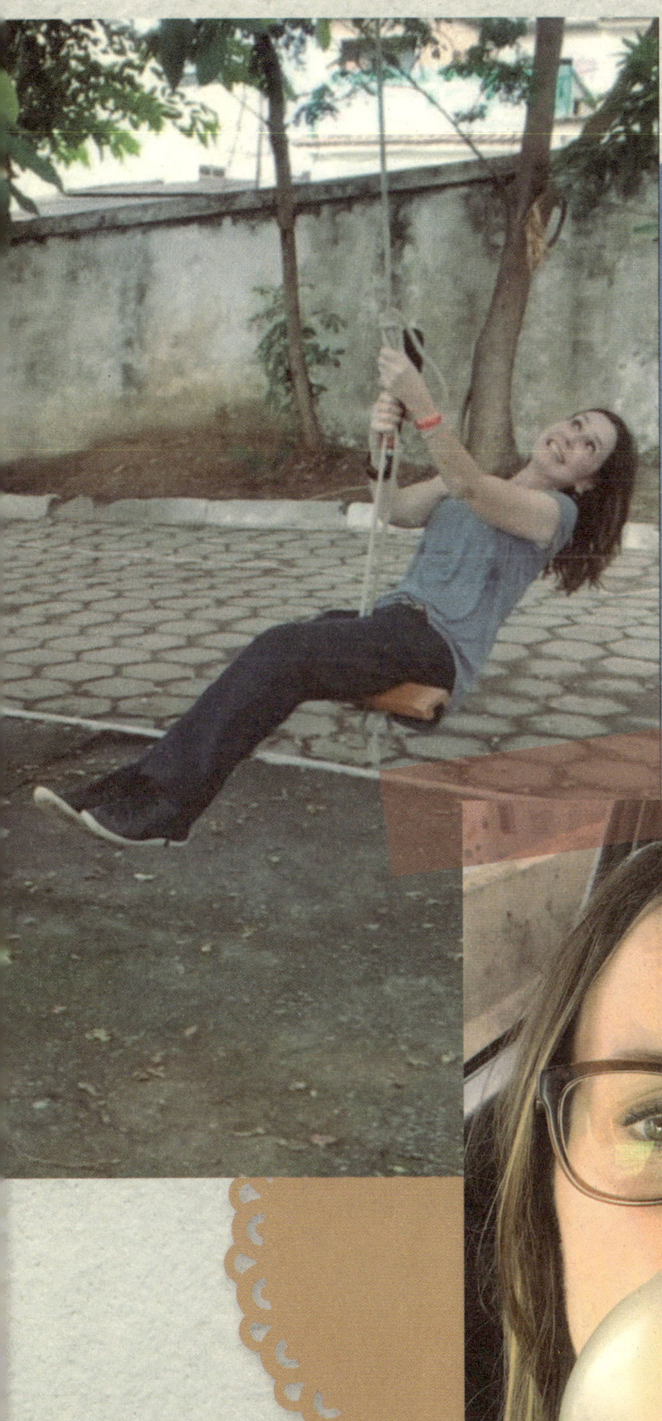

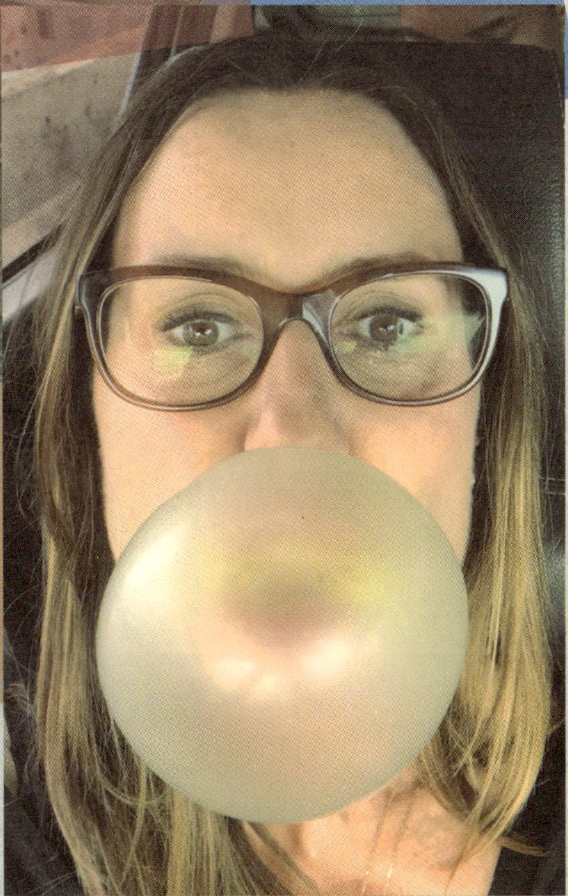

Até debaixo d'água, amo o meu trabalho!

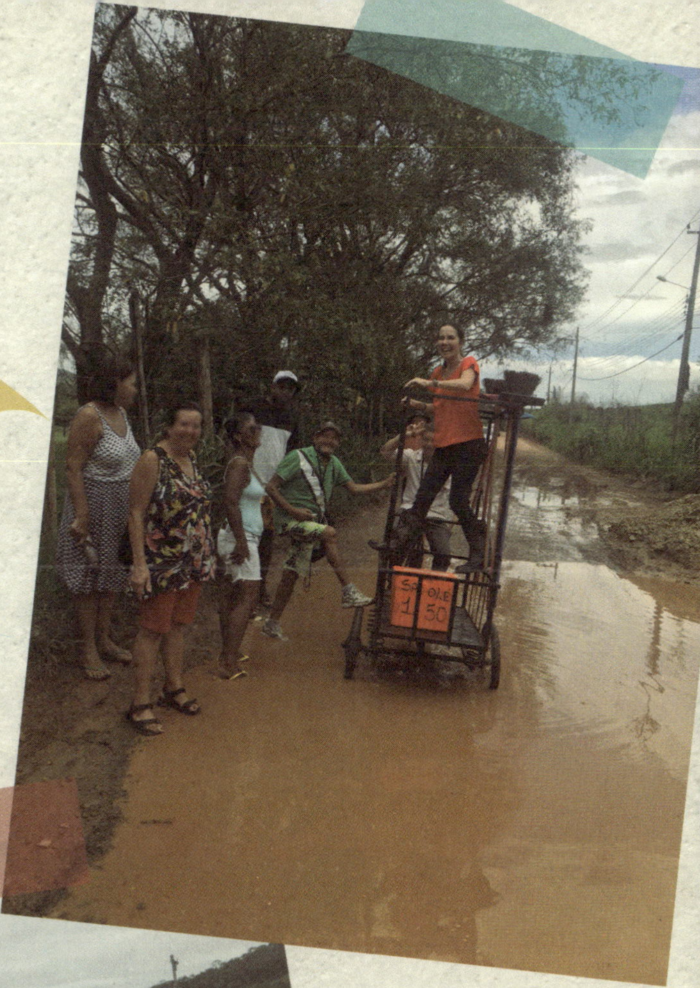

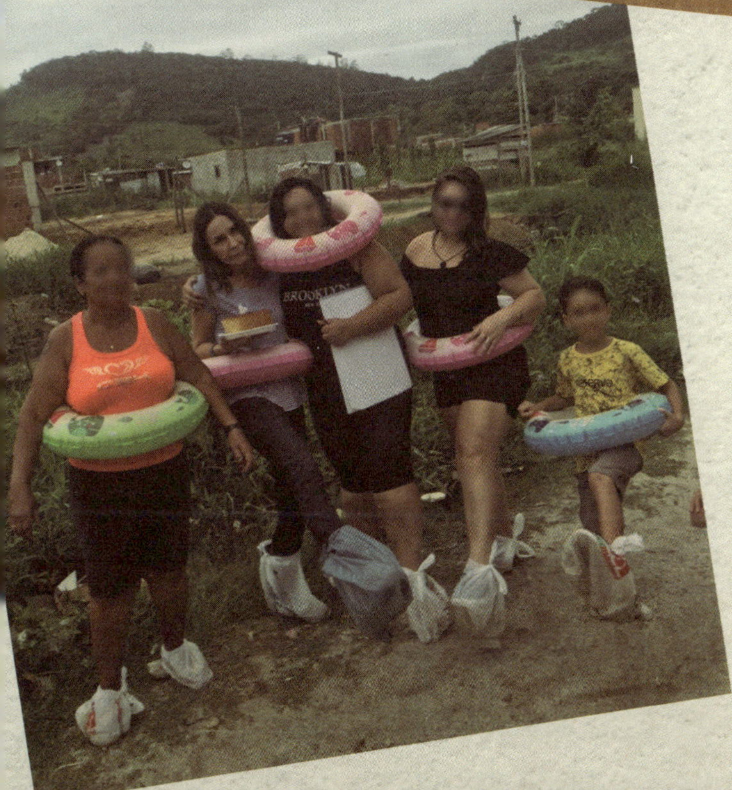
BROOKLYN

Me laaaarga, Diógenes, quero andar de patinete!

E o Oscar vai para… quem ler o meu livro! kkkkkk

Um pouco mais de comilança, mas não conta pra ninguém. Shhhhh!

Uma professora muito maluquinha.

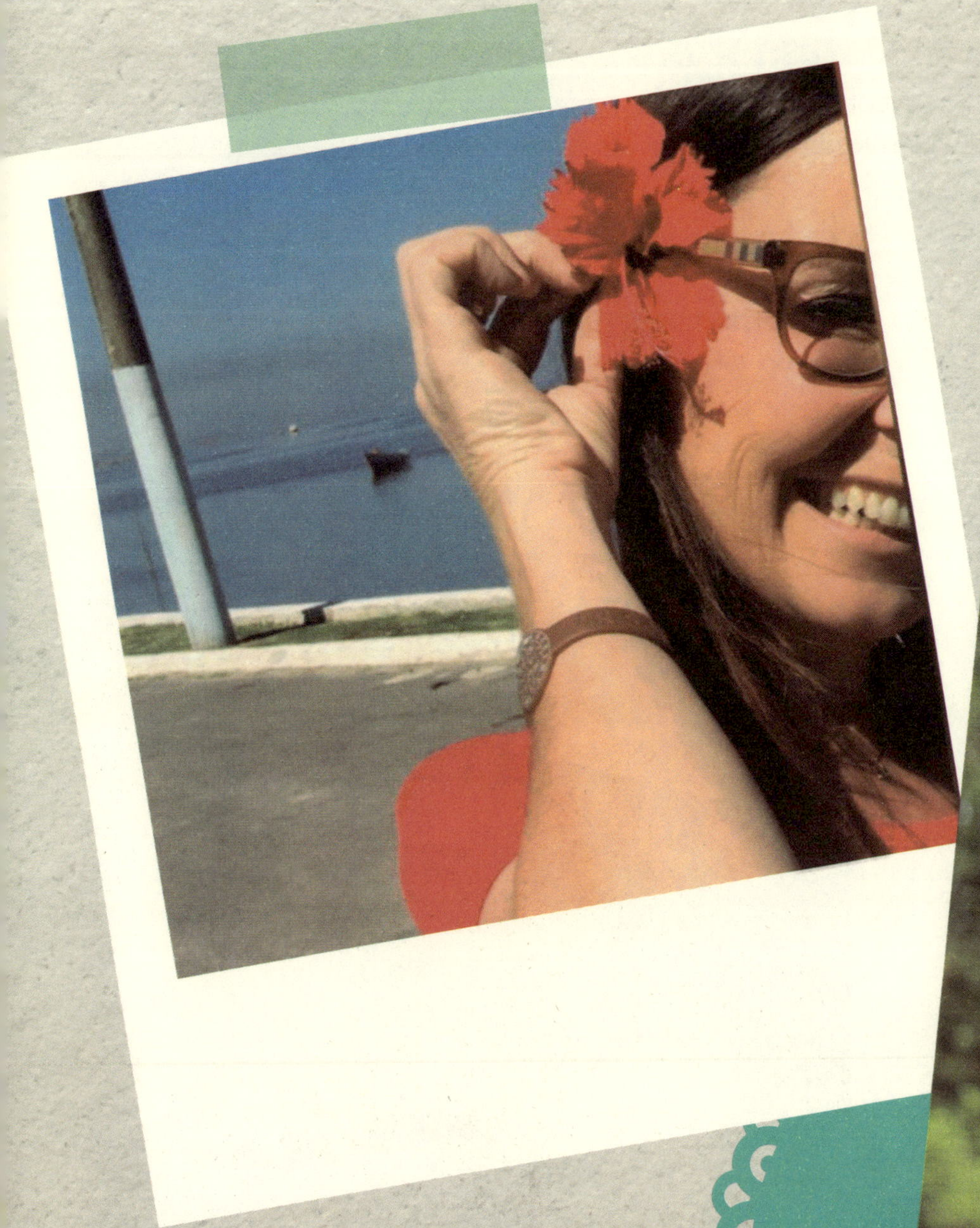
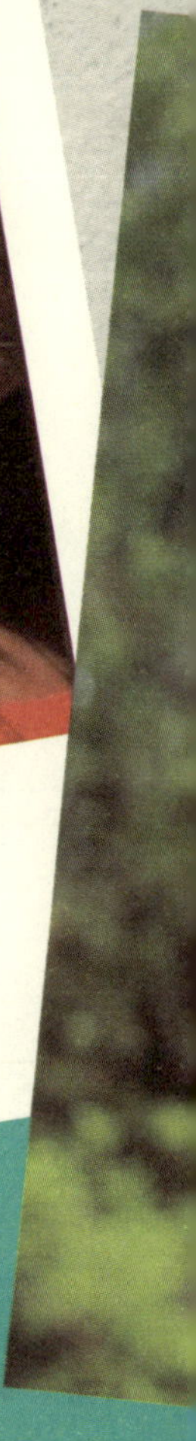

Aquele abraço!

O carinho dos moradores!

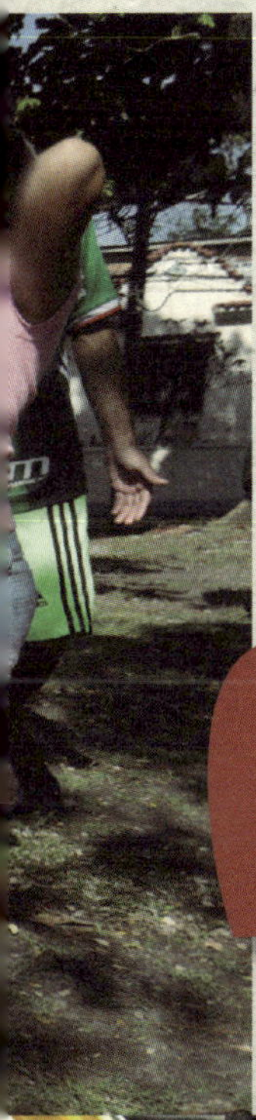

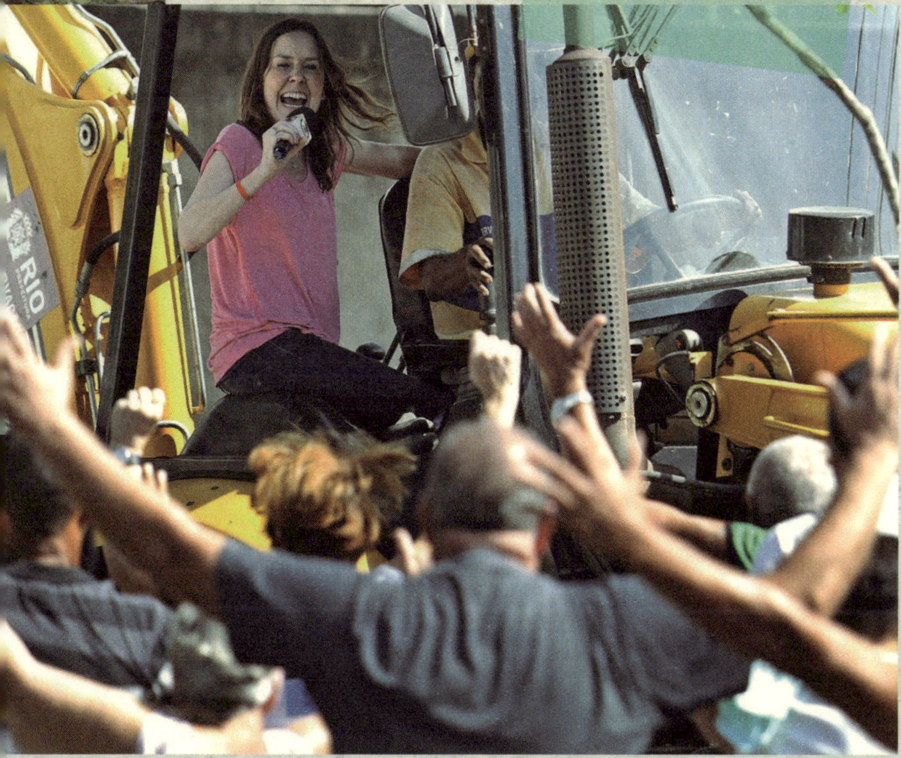
RIO

Escolha ser feliz sempre!

Direção editorial
Daniele Cajueiro

Editora responsável
Janaína Senna

Produção editorial
Adriana Torres
André Marinho

Revisão
Suelen Lopes
Juliana Souza
Maria Helena Rouanet

Projeto gráfico de capa e miolo
Larissa Fernandez Carvalho

Diagramação
Leticia Fernandez Carvalho

Este livro foi impresso em 2019
para a Agir.